KB157883

요절시인 시전집 시리즈 제2권

청보리의 노래

임 홍 재 시집

- 이승하 · 우대식 편 -

새미

○ ● ○ ● ○ ● ○ ● ○ ● ○ ● ○ ● ○

이 시집을 내면서

이 땅에는 이른 나이에 세상을 떴다는 이유로 문학사의 뒤안길로 사라진 시인들이 있다. 한때 '천재'라고까지 일컬어지며 시를 썼지만 이들은 불치의 병으로, 불의의 사고로, 혹은 생활고를 비관하여 음독 자살로 생을 서둘러 마감했다. 뛰어난 시를 썼음에도 불구하고 이들 시인 모두 요절했다는 이유로 '묻혀버린 시인', '잊혀진 시인'이 되고 만 것은 참으로 안타까운 일이다. 우리가 이 전집을 기획하면서 세운 기준은 다음 세 가지이다.

요절한 시인 가운데 시인으로서의 역량이 출중하여, 잊혀졌다는 사실이 안타까운 시인만을 대상으로 한다.

시집을 손쉽게 구할 수 있는 시인은 대상에서 제외한다.

가능한 한 유가족에게 연락을 하여 그간 시집에조차 실리지 못한 작품도 수록, 완벽한 전집이 되게 한다.

○ ● ○ ● ○ ● ○ ● ○ ● ○ ● ○ ● ○

일찍 세상을 떴다는 것만 해도 억울한 일일 터인데 이들 시인은 지금껏 문단의 조명을 받은 바 없다. 학계의 연구 대상이 된 적도 없으며 독자의 사랑을 받은 적도 없다. 지인들의 회고담은 남아 있지만 석·박사 논문의 대상이 된 시인도 이중에는 거의 없다. 살아가기가 팍팍했던 시절에 일찍 세상을 등진 이들을 위해 초혼제를 올리는 심정으로 시전집을 낸다.

시인의 유시집과 유고를 수소문하여 찾아내고, 유가족을 만나고, 주변 친구와 친지들을 만나는 과정에서 만난 많은 분들에게 머리 숙여 감사드린다. 문학사와 문단사를 온전히 기술하기 위해 빠져서는 안 될 시인만을 엄선했다고 우리는 자부한다. 우리 문학사의 뒤안길로 사라진 이들 시인을 제자리로 돌려세우려는 우리의 노력은 앞으로도 계속될 것이다.

이 시집은 문학세계사에서 냈던 『청보리의 노래』(1980)의

○ ● ○ ● ○ ● ○ ● ○ ● ○ ● ○ ● ○

순서를 그대로 따랐다. 한자 일부를 한글로 바꿨고, 표기법을 대부분 현행 표기법으로 고쳤다. 시집 출간을 허락해주신 문학세계사 김종해 사장님께 깊은 감사를 드린다.

이승하 · 우대식

○ ● ○ ● ○ ● ○ ● ○ ● ○ ● ○ ● ○

차 례

○ ● ○ ● ○ ● ○ ● ○ ● ○ ● ○ ● ○

제 3부 귀향의 밤

○●○●○●○●○●○●○●○

제 4부 맨몸으로 때우기

○ ● ○ ● ○ ● ○ ● ○ ● ○ ● ○ ● ○

제 5부 바느질

○ ● ○ ● ○ ● ○ ● ○ ● ○ ● ○ ● ○

1부

산역山役

산역山役

아버지는 한 세상
남의 송장이나 주무르기만 할 것인가.
진눈깨비 흩날리는 황토 마루에
정성 들여 광중壙中이나 짓고
외로운 혼이나 잠재울 것인가.
마지막 다문 입에 동전 하나 물리고
칠성판 바로 뉜 후
종내는 한줌 흙이 되고 말 시체 위에
흙을 뿌리고 눈물을 뿌리며
오오호 달구 오오호 달구
만가輓歌만 부를 것인가.
피통 터져 농약 먹고 죽은 농부야
삼베 올 구멍마다 맺힌 눈물을
기러기가 쓸고 가는데
이 땅에 진정 데불고 갈 만한 것이 있더냐.
농부는 죽을 때 피를 토하고
색신 고운 씨앗을 뿌리고 간다는데
부황이 나도 토사가 나도

아버지는 신들린 사람처럼 산역만 할 것인가.

밤마다 술에 취해

북망산 먼 줄 알았더니

방문 밖이 북망이라

황천수가 먼 줄 알았더니

앞 냇물이 황천술세

울음 섞인 가락을 토해내며

북망산 누우런 황토를 수북히 털어놓는데

품팔러 간 어머니는 왜 오지 않는가.

황토 마루에 진눈깨비 내리고

어지럽게 어지럽게 도깨비불만 오르는데

아 아버지의 만가는 언제 끝날 것인가.

남사당

에라 차라리
안성安城 청룡사青龍寺
남사당이나 될거나.

팔도의 오만 잡것
다 모이는 엽전재 마루에서
안동포 한산 모시
바리바리 열두 바리 싣고 오는
삼남三南의 품 넓은 남정네와
한마당 놀아볼거나
아 불살라 볼거나.

백리 천리 장터마다
흘레붙고 떠도는 장돌뱅이야
청룡사 엽전재를 얕보지 마라.
팔도의 떠돌이란 떠돌인 다 몰려와
떠돌이끼리 흘레붙고 뿌리내려
장군멍군 사당패가 되었다.

사당내야 줄 늘여라
쾌자 자락도 날려라
안성장 열두 마당에
허생원이 납신다.
허생원 가는 길목에는
금이 석 섬 은이 열 섬
닥치는 대로 긁어모아
팔도 풍물을 다 삼키자.

무등을 타고 무등을 타고
저 높은 엽전재를 넘어볼거나.
청룡사 청기왓장 번득이듯
화적 떼 몰아내고 꿈길도 곱게
열두 마당 벌여볼거나.

장사치 남정네 가슴 호리면
밑천까지 다 빼주고

덜렁덜렁 빈손으로 엽전재 넘네.

청룡사 큰 법당 부처님도
고기 맛 본 큰스님 어디로 가고
남사당패들만 목청 돋우네.

아 청룡사 남사당 그리운 얼굴들
어디로 갔는가.
내 차라리 남사당이나 될거나. 될거나.

인분을 푸며

누군들 인분내가 좋아서 인분을 푸랴.
주기 좋고 빛깔 좋은 금비를 써서
실차게 농사를 지을 수만 있다면야
누군들 미쳤다고 인분을 푸랴.
진 떨어진 황토를 보면
인분 푸는 우리네 마음을 알리.
인분 중에도 더 쿠리고 양분 많은 게
육식동물들 것이라지만
독충과 황금충만 들먹거려 쓸 수가 있어야지.
고작 풀이나 먹고 밑바닥을 기는
양들과 더불어 가늘게 싸고
다시 풀이나 먹으며 사는 거지.
그러나 어쩌랴 황토야.
인분을 퍼도 인분을 퍼도
똥바가지에 서러움만 가득 담김을.

중동 바람

빼빠지게 농사만 지으면 무엇하나
이것저것 다 잊고
아주 큰 맘 먹고서
중동이나 가는 거야.
고향을 떠나면
행여 거미줄 칠까
대대로 옹기종기
고향 땅을 지켜온
조상도 잊고
검은 황금이 쏟아지는
중동으로 가는 거야.
사막을 지나
오아시스에서
남아의 멋을 만끽해 보는 거야.
제기랄
남들은 잘도 살더라
정말 이러고 있을 때가 아니야
기적소리 요란한

외항선을 타고
드넓은 세상의 바람도 쐬고
한 밑천 잡아서
그럴듯하게 한번
살아 보는 거야.
까짓 거
사막의 열기가 뜨거우면
얼마나 뜨거우랴
일이 년 꾹 참고 일하는 거야
골백 년 흙만 파먹어 온 우리들인데
그 무슨 일인들 못 하랴.
오랜만에 고향을 갔더니
고향 사람들은 온통
중동 바람에 들떠 있더라.

하곡夏穀 공판장에서

농협 창고 앞마당에
시르죽은 이 같은 몰골들이
식은땀을 뻘뻘 흘리고 있다.
개미 장날같이 붐비는 마당에
텅텅 가마니를 져다 부리고
맥없이 식은땀을 흘리는 사람들.
잘 영근 알맹이만 모아
다듬고 뭉글려 정성껏
정성껏 꾸려왔어도
썩은 홀아비 버섯같이
나뒹구는 건
모조리 등외품.
삽대를 높이 들고
검사원은 동헌 높은 마루 사또처럼
사또처럼 도도하고
픽픽 등외품만 쓰러진다.
어쩌란 말이냐. 어쩌란 말이냐.
등외품도 모조리 져다

막소주나 펑펑 걸러내어

진탕 취해볼거나.

일등을 받아도

정말 일등을 받아도

비료값 땀값도 안 되는 판에

정말 어찌할거나.

벌초를 하며

누이야 우리는
골백 사발 눈물을 쏟아
청개구리처럼 섧게 울어도
무더위 잡초만도 못 하구나
우리들 대신
황토에 깊이 뿌리내리고
외로운 영혼을
달빛으로 맑게 닦는
무덤 위 잡초만도 못 하구나
살아생전 내내
오뉴월 푸덤 썩이듯 속을 썩여
지레 세상 떠나게 한 우리는
죄 많은 청개구리다.
버림받은 누이야
하늘이 무서워
청청한 고향 하늘이 무서워
대낮을 두고
야밤에 벌초를 하는

우리의 아픈 마음을 누가 알랴.
이승을 떠나서도
물 한 모금 제대로 얻어 잡술 길 없는
박복한 분이여,
죽어서도 애물들 때문에
눈감지 못한 분이여……
눈물보다 진한
사랑은 어느 풀섶에 스러졌는가
사당패 쫓아가 소식 없는 당고모처럼
차라리 그렇게 지낼 일을
우리는 어찌 몰랐더냐.
아, 구름에도 뿌리가 있다는데
어찌하여 우리에겐 뿌리가 없느냐.
강펄의 부대끼는 자갈처럼
또 몇천 리 구르다
이 세상 어딘가에 쓰러지면
우리들 무덤 위에

풀씨라도 찾아와 줄까
서러운 달빛이라도 찾아와 줄까
누이야, 누이야.

황토맥질

—유년의 눈물

누런 시래기 몇 두름 엮어 달고
어머니가 황토맥질을 한 날은
하염없이 눈물 나더라.

흉년이 들어 흉년이 들어
굶기를 식은 죽 먹듯 하던 누이야.

삼백 날 머슴살아
등살 터진 빈 지게에 찬바람만 지고 오는
아버지를 부르지 말자.

찔레꽃 덤불처럼 어우러진 매운 빚을
가리고 오는 아버지 마음이야
오죽하리야 오죽하리야.

황토맥질을 하고
시래기 몇 두름뿐으로 겨울을 맞는

우리를 차마 하늘이 저버리랴.

바람벽 구수한 내음 넉넉하고
달빛도 흐들히 내려
굴뚝새 깃을 접는데
아궁이에 맹물이 졸아붙어도
청솔이나 그득 지피자.

어머니가 황토맥질을 한 날은
굶어도 굶어도 배만 부르고
강물처럼 가슴이 뿌듯해
바람벽 껴안고 밤내 울었다.

가래질

청룡산 얼음 녹은 맑은 개울물 받아
가래질을 한다.
눈비에 허물어진 논두렁을 새로 쌓고
흙을 이겨 바른다.
쥐구멍을 때우고 봇돌도 치고
미리 미리 제방도 손본다.
쥐구멍은 거대한 저수지를 허문다.
호미로 메꿀 것을
가래로 메꾸지 않기 위해
우리의 손 우리의 뼈는
일어서서 팽팽히 밧줄을 당긴다.
논바닥은 언제나
수평이 맞아야 하고
가랫밥은 균형이 맞아야 한다.
쾌청, 쾌청, 쾌청
가랫장치 끝
게으른 낮달이 눈 비빈다.
청룡산 그윽한 솔숲 둥지 둥지에

백로 알이 따습고
가랫밥이 한결 가볍다.

무청을 엮으며

춥고 가난한 겨울을 위해
남들은 다 버리는 무청을 엮는다.
갈수록 쓰임새와 먹새가 늘어
가계부는 붉게 얼룩져도
아내는 부끄럼을 감추고
이웃집 것까지 거둬 모은다.
배추, 무값이 똥값인데
요즘도 시래길 다 먹느냐며
수입식품만 먹는
기름진 이웃들 틈에서
우리는 자꾸만 난쟁이가 된다.
주눅이 들면 안 된다고
그래도 아내는 열심히 뛴다.
구수한 황토 냄새
고향 맛을 그대로 간직한 시래기가
진귀한 듯 진귀한 듯
바라보는 아이들 곁에서
나는 허리끈을 졸라매듯

매듭을 꼭꼭 졸라매듯
매듭을 꼭꼭 조여 맨다.
내일, 내일, 내일……
아내와 내가 믿는 내일은
따습고 밝을 것인가
시래깃국처럼 구수할 것인가
생각하며 무청을 엮는다.

2부

청보리의 노래

안성 장날

1. 유기전

끗발 좋던 안성유기가
스테인리스에 밀려
허름한 전 구석에 앉아
파리를 날리고 있다.

진종일 기다려도
떠나간 허생원은 돌아오지 않고
동銅녹만 번진다.

한 파수에 열두 벌씩 깎아도
동이 나서 미리 맞춰야 하던
전성시대는 가고
진상할 님조차 없어
쭈그리고 앉아
돌아오지 않는 장꾼을 기다린다.

색신 고운 달무리 아래
남사당 춤바람에
풍물 울리던 님.
님들은 가고 돌아오지 않아도
홀로 장 마당을 지키고 있다.
안성맞춤 안성맞춤
퍼렇게 녹난 이마 위에 비가 내린다.

2. 옹기전

안성장 장날마다
비가 내려도
옹기전으로 오라.
투가리 속에 된장은 끓지 않아도
장맛보다 구수한 흙냄새가
당신을 기다리고 있다.
이지러진 낮달 아래

익을 대로 익은 숫색시가
뽀얀 분가루를 날리며
가슴을 여는 안성 옹기전.
비가 와도 비가 와도
장날이 오면 신바람 난다.
몇 파수 만인가 이 사람아
토주에 목을 축이고
마음이 풍성한 얼굴들이
옹기전을 누비면
곶감처럼 익은 인정이
항독에 그득 넘친다.
옹기전으로 오라.
옹기전으로 오라.
고만고만한 정을 지니고
고만고만한 마음으로
살아가는 법을 배우러
옹기전으로 오라.

3. 쇠전 마당

길마 벗는 날이
천당 가는 날.

그래서 장마당 소들이 저래
코뚜레를 비비며 울까.

열두 달 머슴살아
간신히 붙든 어스레기조차
고리채에 밀려
끌려나오고.

진천, 음성, 충주, 죽산 등지에서
가난을 떠받치던 몰골들이
쇠전 마당에 와 매이면
왜 그리 장마다 비가 오는지……

쇠전 다리 아래
울긋불긋 꽃불 켜지고
난장이 서면
하나 둘 소들은
천당행 표를 받고
저무는 영승재 고개를 넘는다.

놋그릇 한 벌

큰누나 작은누나 모두 모여
놋그릇을 닦는다.
동銅녹에 얼룩진
징용 간 아버지의 놋그릇을.
닦아도 닦아도 보이지 않는
아버지의 얼굴.
놋대야에 눈물 받아
놋그릇을 닦는다.

윤사월 산자락에
송홧가루 날리듯
떠나가 오지 않는 아버지.

뜬눈으로 지새는 밤.
베갯머리에 살아 오르는
남양군도 푸른 바다 소리.

아버지 십자성에 눈을 밝히며

안성장 열두 마당 마지막 골목
진종일 어정대던 바람 몰리듯
어드메를 헤매시는가.

윤사월 보리누름 때
오지 않는 아버지 젯날 정하고
해종일 울던 울 엄니
놋그릇에 눈물 받아
목놓아 운다.

유년의 강

삼천 사발 피고름에 찌든 누이야.
달머슴 새경 받아 한뭀에 져다 부리고
돌아온 아버지 등뒤에서 서럽게 우는
가을 강을 보아라.
황토흙 풀려 풀려
강 여울 붉덩물 지듯
온전한 가슴 하나 지니지 못해
삼백 날 피고름만 쏟던 누이야.
찬바람 길을 열고 갈밭에 서서
바쥐는 가슴을 뜯어
강물에 띄워 버리면
응어리 응어리마다 삭아버릴까
밤마다 강가에 나와
모래알 씹으며 울던 누이야.
목매기 송아지 울음 뒤에
허기진 나날들이 힘줄에 남아
다시금 살아 오르는데
삼천 사발 피고름에 찌든 누이야.

이지러진 가슴 안고 강가에 나와
저 혼자 울음 우는 가을 강을 보아라.
삼천 사발 피고름에 찌든 누이야.

등나무 아래서

스스로 오랏줄을 매고 앉아
푸르른 등을 밝히는 등나무를 보면
할아버지 생각이 난다.
가막소[監獄署] 뒤뜰에서
주리 틀려 죽은 우리 할아버지.
남들은 세상 돌아가는 대로
잘도 돌아가지만
옹이 많은 조선 소나무같이
지조를 지키던 할아버지가 끌려가던 날
종갓집 대들보가 내려앉고
산마다 맥이 끊겨
산천이 소리 없이 울더니,
북새통에도 왜놈에게 아부 잘 하여
놀아나던 놈들.
족보를 숨기고 이름을 바꿔
명문대가名門大家 노릇을 하며
북새질치던 놈들이 좋아하던 날
저렇게 파란 등꽃이 폈던가.

뱉이 꼴려 구역질이 나도
뒤틀린 몸을 안으로 사리고
저렇게 등을 밝힘은
할아버지 마지막 모음이
피보다 진한 때문인가
파란 등꽃이 핀다.

부주전상서父主前上書

아버지 식은땀을 닦으세요.
구레논 팔고 황소 팔아
자식만은 황토 눈물을 짓씹지 않고 살라고
고등 교육을 시키신 아버지.
최주사 아들은 출세하여
돈을 뭉텡이로 번다더라.
천만 원짜리 집도 샀다더라.
나중엔 땅 가진 사람이
제일 낫게 된다더라.
그래 그런지 서울 사람들이
기름 잘잘 흐르는 차를 몰고 와
상답이랑 동산 말랑이를
전부 휘어잡아 철책을 치더라.
꿈 같으나 꿈이 아닌 세상
고작 목쉰 시나 끄적거리고
손자새끼 배만 곯리는
제 자신을 아버지, 압니다.
팔아 버린 구레논이랑 황소가

밤마다 머리맡에 찾아와
우는소리에 잠을 설치고
밤마다 고향 꿈을 꾸어도
철책과 목책에 길이 막혀
돌아갈 수 없습니다.
공중에 뜬 맷방석만큼 남은
우리 땅뙈기
그 땅뙈기에는 무엇이 자라고 있습니까?
큰손자 놈은 고속버스를 타고
할머님 뵈러 가자고 날마다 성화고
작은손자 놈은 끼니때마다
왜 우리는 푸성귀만 먹느냐며
맛있는 살코기를 달라고 울고
가난하기 때문에
더 가난해질 수밖에 없는 주제에
소금보다 짠 눈물이 바다가 됩니다.
아버지, 그러나 서산으로 진 해가

다시 떠오르듯
우리를 키워준 고향에 해는 다시 뜨고 우리는
돌아갈 것입니다.
남은 땅뙈기를 새로 일구고
흙의 주인이 되기 위해
흙의 사상을 배우고 있습니다.
황토 눈물을 되씹지 않고 살게 하려던
당신의 뜻을 저버리고
소자는 공해로 얼룩진 도회를 떠나
돌아갈 것입니다. 아버지.

겨울 강가에서

황토 고개 너머 강가에 왔다.
아버지 지게 끝에 새벽 별이 잠들 때
울 엄니 피고름 헹구며
울던 시절 그리워 왔다.

지금은 북망산 굽이굽이 갈가마귀 우는데
땀에 해진 삼베 올 다시 꿰매며
가슴 풀어 울고파
고개를 넘어서 왔다.

강아지꽃 풀 끝에 이슬이 지듯
내 가녀린 잔등에
힘줄만 불거졌어도
줄기차게 흐르는 강줄기 보고파
강가에 왔다.

남은 것 하나 없이 세월만 흘러
황토 언덕에 노을만 짙은데

누나야 물오리 날개 끝
찬 서리 묻어 올 때
강가에 나와
잊었던 꿈을 엮으며
돌팔매 수제비나 떠먹지……
종래는 이승에 한만 남기고
한 덩굴에 맺었다 지는
서러운 황토 열매인 것을.

내 밝혀 온 밤 어둡고 차도
말없이 흐르는 강심江心을 닮아
수만 리 황토 고개를 잘도 넘었거늘
내 몸이 얼어서 세상이 찬 것이냐
세상 일 얼어서 내 몸이 언 것이냐
겨울 강가에 서서 울면
황토를 씻어 내린 강줄기가
내 발목을 잡고 따라 운다.

수몰지 시초

인동꽃잎을 짓씹으며
강물이 기어오른다.
부러진 보습 날
붉은 녹물 같은 노을이
백년 고가古家를 불사르고
할머님 물레 길쌈에
보푸라기 일 듯
가물가물 잦아든다.
발부리 닳아
발부리 닳아
연년 지질린 가슴 안고
삘기꽃 폈다.

새로 생긴 애총 하나
불살라 먹고
부황난 맨살을 쥐어뜯으며
흙치마에 봄바람 몰리듯
삘기꽃 폈다.

물오른 청솔가지 목 비틀다
돌아와 누운 자리에
황토 황토
먼지만 일고……
띠뿌리처럼
띠뿌리처럼
모질게 산 형제들이
황토밭에서
부황난 살을 내어 말리며
통곡하고 있다.
칠석맞이 눈물 찔금거리듯
흰 죽사발을
눈물로 헹구다 간 누이야
삘기꽃 폈다.
삘기꽃 폈다.

민속 설화

—貧官의 밑은 안반 같더라

천 년 묵은 느티나무 속에
황구렁이 또아리 틀고 앉아
칼을 갈더라.
갈아도 칼날은 서지 않고
감구렁이 품은 알만 곯더라.
늪물은 썩어
이무기조차 나자빠지고
삼룡이 목매단 동아줄이
삼룡이 무게를 끌고 가더라.
무주고총無主古冢 파먹고 돌아온
여우, 여우 떼들
황제의 등뒤에서 이만 쑤시고
마을은 빈 꺼풀만 남아
바람에 날리더라.
두꺼비 물가에 홀로 앉아
제 살점을 뜯어내고.
벗어나지 못하는 굴레 속에서

저마다 헤매더라.

천둥 번개만 땅땅 치더라.

아 어둠이더라. 절망이더라.

가는 곳 곳곳마다 썩은 살 냄새

코를 쏘더라.

청보리의 노래 I

보리밭 가에서 조선 낫이
목놓아 운다.
작석作石 더미 져다 부린
등 굽은 아버지의 지게가
부황난 황토 구렁에서 따라 운다.

황소가 밀고 간
눈물로 허덕인
황토 영마루 바람꽃 피고
조선 소나무처럼 불거진 목민牧民의
뼈마디 뼈마디에 바람이 분다.

할아버지 동학군 선두에 서서
죽창 들고 외치던 소리 소리,
일어선 분노가
쾅쾅 죽은 역사를 찍을 때
쓰러지던 어둠의 계곡.
어둠에서 다시 빛나던 저 조선 낫.

어이 된 것이냐, 어찌 된 것이냐
빈 두렁에 앉아 목놓아 우는 소작인.
육척六尺 무명 올이 다 해져도
헤칠 수 없는 향산鄕山의 안개를
어쩌랴, 어쩌랴, 안개에 젖으며
풍토병을 앓는 애비여. 애비여.

깔끄러운 까락에 걸려
목청을 잃어버린
피맺힌 우리들의 식도,
그 속을 넘는 허기에 취해
술래가 된 아이들……
땅두더지는 지금 어느만큼
뼈가 남아 있는가.

아이들아 아이들아
청보리를 밟아라!

밟으면 밟을수록 돋아나는
청보리를 밟아라
죽지 부러진 비둘기가
빼앗긴 혼을 부르며 울고 가는
누구나 목민심서를 엿듣지 않는 밤.
청보리만 살아서 방을 지키는가.
어둠 속에서 다시 돋는가.

청보리의 노래 Ⅱ

내 유년의 어머니 무명의 옷고름 속
눈물 같은 청보리야.
서러운 황토흙물이나 들이고 앉아
부러진 대창 같은 깔끄러운 수염만
키우고 있기냐.
죄 없이 죄를 지은 양
새하얀 쌀알에 밀려
시커먼 맨살을 드러내고
그렇게 땡볕에서 타고 말 것이냐?
차디찬 서릿발 속에 너를 심고
주인은 가난해도 한 번쯤 풍요하라고
겨우내 보듬어 준 우직한 우리 애비,
애비를 저버리고
고작 주인의 시커먼 몰골이나 닮아
똥값으로 튀기질만 당하기냐?
마차에 실려 실려
농협창고로 가는 골목에서
황소가 너의 가슴을 흔들어도

홈 파인 네 맥맥脈脈엔 인내의 힘살만 불거져
숨소리도 들리지 않는구나.
작석 더미를 바라보면
누렇게 뜬 우리 지번地番이 생각나고
등 굽은 황소가 생각난다.
서릿발 속에서 가꿔온 네 푸르름이
한껏 푸르를 때 보리피리 불면
역겨움 다 가시고 바람이 잘까 몰라.
황금작물에 밀려
기름진 땅은 다 뺏기고
토박한 땅구석에서 허위대는 청보리야.
주름진 주인의 얼굴빛이나 하고
죄 많은 새끼들이나 키워 갈 작정이냐.
그러나 알리라 알리라.
황금이 식량이 되지 않는 먼 훗날에
보리를 가꾼 우직한 우리 애비의 뜻을
하나의 보리가 썩어 열매가 되는
청보리의 푸르른 뜻을.

청솔 바람 소리

혼곤한 이 나라 젊은이들아
솔바람 소리를 들어라
시름 죽은 목을 가누고
청솔이 네게 주는 소리를
속 깊이 새겨보아라
청솔은 홀로 밤을 지새며
어둠을 밟고 와 귓전을 친다.

흩어진 백의 자락 깊이
선지피 응얼지는 밤
돌아오는 길손이 없더라도
어둠을 지키고 지켜
빼앗긴 영토를 찾고
맑게 씻은 아침해를 맞아야 한다.
무릎 꿇은 지게의 짐이
사정없이 내리덮쳐도 뼈를 곧게 세워야 한다.

껍질을 벗고 껍질을 벗고

눈보라에 칼을 가는
청솔 잎을 보아라
잎잎마다 생기가 흘러 넘치고
솔 내음 겹겹이 재워
구겨진 이 나라 산천

진달래도 가꾸는 청솔을.
어둠이 덩굴째 구르더라도
계백이 처자를 쳐죽이고 싸움터에 나서듯
먼먼 앞길을 보고
청솔 바람 소리를 들어라
다 함께 들어라.

귀향의 밤

아방궁을 지나며

대낮에도 사설방범대가 길을 막고
돌아서 가라더라.
끝없는 성벽 안에선
분수가 오색 물보라를 날리며
융단 같은 잔디를 보듬어 주고
망루 위에선 맹견이
이를 쑤시며 눈을 부라리더라.
왜 나는 별안간 이토록
오줌이 마렵고 목이 탈까
살점을 꼬집으며 돌아서는데
수상쩍다며 호각까지 불고
훼어이 훼어이 손짓까지 하더라.
죄 없이 쫓겨나며 하늘을 쳐다보니
하늘과 땅은 너무 멀더라.
그래도 하늘은 청청 맑은데
이디선가 가난한 지와 병든 자를
잊지 말라던 바오로 6세의 음성이
하늘을 가르더라.

천둥이 되어 천둥이 되어
내 귀를 치더라.
갈 길은 아득한데
이 안개를 어쩌랴
뿌린 대로 거두고
벗은 대로 겨울을 나는
나목의 생리처럼
아, 나는 벗은 대로 살 수밖에 없어라.
벌거벗은 것은 좋은 것이기에……

술래의 봄

난쟁이가 되어 버린
가난한 서민들이
변두리로 변두리로 밀려와
숨바꼭질을 한다.
황량한 도시의 끝
붉은 산등성이에
그래도 흙 냄새가 있고
봄기운이 떠돌아
한시름 놓이는데
세상은 자꾸만 술을 먹인다.
뛰는 물가가 술을 먹이고
떠도는 풍문이 술을 먹인다.
그 눈물 많은 보릿고개는 없어졌어도
우리가 넘어야 할 고개는
더욱더 높고 높아
잡았다 놓치고 또 놓치는
꿈속의 술래잡기처럼
아지랑이 속에서 얼굴 잃는다.

목련꽃 핀 뜨락에서

누가 내 아내를
산지기 딸년이라 하느냐
흙물에 온통 살갗은 텄어도
봄빛처럼 손길은 따사로운데
가난한 가사家事도
서너 평 채마전을 푸지게 가꾸듯
묵묵히 다스리며 목련처럼
새봄을 맞을 줄 아는 여인을.
앙상한 가지에 목련꽃 환히 벌면
가슴 부풀어 잠 못 이루는
목련꽃 같은 지순한 여인……
깡통을 찬 어린것이
햇살 속을 누비는 걸 바라보며 바라보며
아내와 나는 목련꽃에 스치는
목련꽃 바람을 맞고 있었다.
하이얀 꽃처럼 깨끗하게 피어날
먼 훗날의 소망을 그리며.

봄이 오는 식탁에서

된장찌개에서 향그런 쑥과 달래를 건져내 씹으며
너무 춥고 길었던 겨울을 잊어버린다.
인천 항구가 다 얼고 한강과 광화문 지하도가 얼었던
지독했던 겨울을 잊어버린다.
영하의 땅 속에서 아프게 겨울을 살아온
쑥과 달래의 인내를 생각하며
터진 아내의 손을 바라본다.
어린것들은 웅크리고 앉아
된장찌개나마 맛있게 먹는다. 한시름이 놓인다.
겨울이 너무 춥고 길어
씨앗조차 알겨먹던 내 유년 시절
그 쓰라린 옛날을 생각하며
뚝배기 밑바닥을 긁으면
어린것들은 멋도 모르고
덩달아 뚝배기를 긁어대며 즐거워한다.
쑥과 달래는 너무 추워
땅 속으로 더 깊이 기어들었던 겨울
그 쓰린 겨울을 위해

이 봄엔 알찬 씨앗을 뿌려야지
생각하며 생각하며 순갈을 놓는다.
창문엔 햇살이 투명하다.

지렁이 울음소리

달 밝은 가을밤 귀뚜라미처럼
노래나 부르며 살았으면 하던
그 어린 시절
나는 왜 그토록 지렁이 울음소리를 싫어했던가.
찌르르 찌르르르
신경의 올과 날을 물어뜯으며
가냘픈 소리를
왜 사랑하지 못했던가.
밟히며 짓밟히며 수렁창에서
끈질기게 살아도
달 밝은 가을밤
청명한 귀뚜라미 소리 하나 들리지 않는
지렁이 울음소리가 나를 몰고
밤을 새운다.
섬돌 밑이나 돌담 가에서
꿈틀대며 꿈틀대며
징그럽게 사는 꼬락서니가 싫어
발로 짓뭉개거나 두 동강을 내던

어린 시절의 그 지렁이가
이제는 아예 내 몸 속에 자리하고
청명한 가을밤
귀뚜라미처럼 귀뚜라미처럼
한세상 노래부르며
끗발 좋게 살자던 꿈은
다 어디 갔는가.
무엇 때문에 나는
지렁이처럼 숨 죽여 우는 것일까.
아 나는 왜 지렁이가 되어
밤마다 우는 것일까.

바람아 바람아

바람아 아느냐
어둠이 지겨워
어둠을 물어뜯는 지렁이 울음을.
안개 속에서 밀리고 떠밀리어
살기가 괴로워
차라리 이름 없는 묘지 위의
풀잎처럼 살려고 망우리까지
지렁이처럼 기어온
내 긴긴 역정歷程을 아느냐.

살아서 버림받은 자들이 잠든
묘지의 황토빛은 더욱더 짙어
눈이 아리고 가슴 저린데
떠도는 혼 떠도는 울음은
더욱더 끝간데 없구나.
그러나 어찌하여 바람은
쉴새없이 몰아치느냐.
몸도 천근 마음도 천근인 채

한 줌 흙 한 덩이 쇠붙이에
피땀을 흘리는 숨은 일꾼들을,
널려 있는 일꾼들을 위해
바람아 너는 어떤 길을 열고 있느냐.

아, 그러나 나는 노래하리라.
묘지 위의 작은 풀잎같이 흔들리며
지렁이 울음을 삼켜가며
역사의 올과 날을 짜는
보이지 않는 작은 손들을
노래하리라 사랑하리라.
밟혀서 끊기는 지렁이의 분신 같은
아픔을 나누며 노래하리라.
바람아 바람아——

귀향의 밤

아버지의 땀이 밴
논뙈기 밭뙈기를 붙들고
고향을 지키는 아우를 보러 갔지요.
지난날 가난 때문에
배우지 못하고 땅을 파는 아우를
고개 숙이고 보러 갔지요.
인종忍從의 땀에 얼룩진 주름살과 새치에
한 번 놀라고
땅돼지 같은 조카놈들 보고
다시 또 놀랐죠.
은하수 아래 멍석을 펴고
모닥불 피우며 지나온 이야길 하다 잠이 들었죠.
아우는 밤중에도 몇 번씩 깨어
쥐나는 다리를 주무르데요.
그리고 식은땀을 흘리며
목멘 삼쇠내를 하다가
드르륵 이를 갈데요.
아우와 나 사이를 바람이 지나가고,

밤새도록 아우 곁에서 나는
산접동새 울음소리만 들었소.

탕자의 시

고향은 이제 아득한 옛날
불알친구 간 데 없고
내 이름 불러주는 이 없으니
고향은 더욱 낯선 타향

초경의 놀라움 속에
봄바람을 물고
꿈꾸던 순이는
어느 잡놈 품속에 묻혀
풍향조차 없고……

마을 앞 정자나무는
가랑이마다 장가들어
늙어버리고, 늙어버리고

뉘라서 사랑으로
감싸 주리라던가.
한평생 긴긴 세월

고향 땅을 배반하고
찢어진 몰골로 돌아온 자를.

코를 뚫어 다오.
밟히고 찢기고 맞아 부서진
몰골로 마지막 돌아왔느니.
코를 뚫어 다오.
끊기지 않는 고삐를 매어 다오.
내 어버이를 버리고
고향 땅을 버린 채
죽어살이한 내 어리석음을
흙 냄새로 깨워 다오.
한 줌 흙을 물고 죽을 수 있도록.
고향 땅이여! 고향 땅이여!

아지랑이 피는 고향에
탕자가 돌아와

흙을 입에 하나 가득 물고
막힌 코를 뚫으며
황소처럼 음메 음메——
울고 있었다.

강변에서

강가의 모래톱에 서면
작은 모래알의 꿈처럼
고향엘 가고 싶어라.
그윽한 골짜기
바위에서 부서진 모래처럼
다시 어머니 품에 안기고 싶어라.
진달래 산천
불알친구는 없어도
맑은 물 새소리가 남아
고향을 지키는
고향엘……
그리움의 냄새로
온통 그리워지는 마음을 안고
고향엘 가고 싶어라.

귀 향

잃어버린 나를 찾아
어린놈의 손을 잡고
고향을 찾아간다.
차령산맥 첩첩산중
출세하여 오마던
눈물 많은 내 꿈의 마을을.
일 년에 한 번
그것도 삼복 무더위에
죄인 되어 찾아간다.
책갈피에 슬픔을 포개 넣으며
돈도 벌고 출세도 하자던
불알친구들은 다 어딜 갔는가.
고향을 위해 무언가 하자던 열의는
다 어디 갔는가……
무거운 발길에 돌부리만 채이고
철모르는 아들놈은
재촉을 한다.

노을 아래서 우리는

붉은 노을 아래서
우리는 먼먼 수평선을 바라보았네.
희망찬 내일을 위해
오늘 저렇게 꽃무늬를 아름답게 사루는
태양을 바라보며 황홀함에 경탄하였네.
태양처럼 저렇게
뜨거운 의지를 불태운다면
우리의 내일은 얼마나 힘차고 밝을 것인가.
내일 저 바다 위에선
빛나는 태양이 다시 떠오르고
바다의 교향시는
우리의 앞날을 위해 드높게 울려 퍼지리.
우리는 어느새 접목된 나무처럼
달콤한 즙액을 나누며 하나가 되었네.
송림 속에선 새들의
은밀한 깃 소리가 들리고
꽃조개는 물결 속에서 패각을 굴리고 있네.
우리의 벤치 뒤에

우리는 그림자 드리워져도
저만큼 어둔 밤이 와도
우리의 가슴은 오히려 포근하고
환희에 가득 차
우리는 한 몸이 되어
내일을 꿈꾸고 있네.

4부

맨몸으로 때우기

초추단장初秋斷章

저마다 제 빛깔과
무게를 지니고 무르익는데
나에게는 익을 것이 하나 없고나.

사유의 강물도 깊어지고
생활의 윤기도 나야 할 이 가을에
썩은 나무둥걸처럼
소슬바람을 맞는 내 몰골이
너무 초라하고나.

봄내, 여름 내내 그리고 겨울에
나는 무엇을 했단 말인가.
무르익은 과물果物들 앞에서
정작 몸둘 바를 모르겠고나.

아, 이 가을을 어찌 보내리
풀밭에라도 뛰어나가
이슬 한 방울 달고 서서

이슬과 풀잎의 의미라도 씹으며
가을 햇살을 맞아야겠구나.

인과因果

강물은 그냥 낮은 곳으로만
절로 흐르는 것이려니 생각하기 쉽고
꽃 또한 봄이 되면
절로 피는 것이려니 생각하기 쉽다.

세월은 참으로 무심하게
흘러가고 흘러간다.
세월의 변죽에 뽑혀진 풀꽃 같은 뿌리 하나
아등바등 시드는 줄 모르고 사는
우리네 꼴이 우습다.

하늘과 땅 사이에 뿌리 내린
강물의 뿌리는 튼튼하고
해와 달은 그 사이를 비춘다.
천년을 하나같이 어머니의 젖무덤 속
사랑스런 젖줄 같은 강가에
상처난 봄빛이 머물다 간다.

진수렁 속에서 가장 정淨한 연꽃이 피어나건만
우리는 다만 그 꽃을 참으로 무심하게
무심하게 바라볼 뿐이다.

아, 오늘같이 신경이 무딘 날엔
그저 강물은 낮은 곳으로만
절로 흘러가는 것이려니
꽃 또한 절로 피는 것이려니 생각하기 쉽다.

손

굳은살 박힌 흙 묻은 손을
안개가 잡는다.
등이 더우랴, 배가 부르랴.
일을 해도 일을 해도
황토 열매는 맺지 않고
밑도 끝도 보이지 않는데
자꾸만 안개는 내 손을 잡는다.
어쩌랴 저 목마른 식솔들을.
저마다 발빼고 돌아선 거리
험한 일만 남아 남아
발목 잡히는 거리에서
나는 뼈를 세운다.
다들 어디 갔는가
돌아봐도 보이지 않는 얼굴들.
누군가 손이 깨끗한 자와 만나
한 번쯤 악수를 하고 싶다.
소금기 내돋은
아픈 생활의 문턱에서

생색나는 일거리는 없는가.
손이 큰 사람은 입이 크고
입이 큰 사람은 손이 검다고
바람이 등뒤에서 속삭인다.
날이 저물고 이슬이 내린다.
생선 가시처럼 비린내를 날리며
돌아가는 길목에 별똥이 쏟아진다.
아, 무거운 발이 땅을 치며 운다.

具滋雲 생각

—나는 다시금 우리 집 등불을 갖고 싶다오

구죽죽이 비 내리는 단칸방에서
등불을 갖고파 하던
당신을 생각한다.
망우리 공동 묘지 망초꽃도 스러지고
비안개만 자욱한데
절룩절룩 흙물을 튀기며
돌아올 것만 같아
비에 젖은 가슴을 열어놓고
한없이 비를 맞는다.

생활은 고달파도
마음만은 청자수병 같더니
서울의 끝 황톳길을 어이 넘었길래
달 가고 해 가도 그림자조차 없는가.
면목없는 면목동 사람들 틈에 끼어
하루 벌어 사흘을 앞당겨 빚지고 살다가
빚과 눈물에 묻혀 잦아든 당신.

당신이 두고 간 청자수병에
눈물만 얼룩진다.

맨몸으로 때우기

어찌하랴 끝없는 내출혈을.

발겨도 발겨도 붉은 살덩이 한 점

뜯을 데 없는 마른 목피 같은 몰골을.

참담하여라 가난이 죄가 된다면 더 참담하여라.

안개를 헤치고 맨몸으로 헤어온 음험한 늪.

우리들의 발자국은 이제 보이지 않는데

맨몸으로 때울 일들만 불거져 나와 어깨를 짓눌러댄다.

끝없이 내출혈 당한 인종의 황소가 밀고 간 땅은 어드메인가.

까마귀는 까치와 가릴 수 없게 변장을 하고

빼앗긴 들판을 난다.

사람들은 모두 고추를 먹고 술래가 되었다.

고추를 먹이는 보이지 않는 손.

가면은 찢겨져 본얼굴이 드러난다.

그 드러난 얼굴을 안개가 가로막는다.

비가 온다.

눈비, 비, 비, 바람, 일기 불순, 일기 불순,

죽는 길이 사는 길, 사는 일이 죽는 일.
쓰레기, 쓰레기.
어쩌랴 저 시퍼런 칼날을.
태양을 가르고 어둠을 몰고 오는 무리를.
구멍난 세상의 밑바닥에서
참담한 겨울, 구멍난 겨울을
나는 맨몸으로 때우고 있다.
더 참담한 겨울을.
얼어붙은 세상을 맨몸으로
맨몸뿐으로 때우고 있다.

전정剪定

아귀 잘 맞는 가위의 날을 세워
전정을 한다.
한없이 하늘로만 치솟아
허튼 곳에 양분을 쌓아놓고
짙은 그늘만 드리우는
웃자란 가지를 자른다.
여름내 폭풍이나 데불고
열매들의 가슴이나 후비고 쥐어짜며
맑은 하늘에 장막을 치는 가지는
싹둑 잘라야 한다.
싱그런 열매 하나 키우지 않고
이웃들의 자양이나 갈취하는
도장지徒長枝도 잘라야 한다.
뿌리와 줄기, 잎과 열매가 한 덩이가 되어
건강하게 일할 때 비로소 열리는 문.
일한 만큼 익은 무게로 가을이 온다.
그러나 내버려둔 황량한 내 과원엔
난잡한 가지들이 뒤엉켜

손볼 것들이 너무나 많다.

내 가위가 잡아가는

건강한 나무의 균형.

시퍼런 칼날이 햇빛에 번득인다.

시리크 마다크에게

진물에 얼룩진 몸을 이끌고
비바람 모진 캄보디아 진수렁길을
헤고 헤치다 구렁에 빠진
성聖 시리크 마다크.
누구나 한번은 다 맞는 죽음.
그 죽음을 당신은 맞으면서
우리에게 사는 법을
그리고 죽는 법을
가르쳐주었다.
삶과 죽음의 갈림길에서
당신의 피는 너무나 선명하고
애끓는 몸은 너무나 뜨겁다.
나만의 부귀영화와
향기로운 꽃 냄새가
영원하길 바라는
어리석은 동물에게
당신은 조용히 눈을 감으며
인종의 눈물 얼룩진 황토 한 줌을 주고 떠났다.

"살려면 어서 이 트랩에 오르거라——
이 땅을 등지고 트랩에 오르거라——"
짧고 굵은 생명의 줄을 끊고
죽음을 맞은 당신.
당신의 피눈물 방울방울이
흙 속 깊이 스며
도도한 강의 원천이 됨을
우리는 안다.
죽어서 오히려 빛나는 날
누가 당신을 죽었다 하는가.
당신은 영원을 사는
별이 되어 빛나고 있다.

고행苦行

I

무너진 성터
가시밭 속에 당신을 두고
우리는 떠난다.
우리들의 몸뚱이는 진물에 젖어 있고
사방은 황사에 묻혀 보이지 않는다.
그러나 우리는 떠나야 한다.
촛불을 밝히던 손은 잘리고
잘못 핀 꽃송이는
끝없이 지아비를 탓하다 꺼져버린다.

소리내지 않는 울림은
깊고 무겁다.
눈감으면 더욱 되살아나는 울음
버리고 얻는 것을 위해
젊음을 불사른 사내가
버리지 못하는 마음을 안고

가시밭을 헤맨다.

시들어 버린 장미가

가시에 진한 살점을 매단다.

무수한 이름표가 가시에 걸린다.

애꿎은 목숨이 꽃잎처럼 떨고

어둠이 내린다.

II

우리가 흘린 피는

누구도 어루만질 수 없다.

돌아가거라 돌아가거라.

원목처럼 허망하게 바다를 건너

개펄에 던져진 몸뚱이,

소금으로 태어나며

파도가 멍든 가슴을 친다.

무서운 풍문이 상륙하고

태풍이 몰아친다.

별

저문 하늘엔 별이 없다.
아무리 그리운 사람이
목마르게 찾아도
청옥빛 눈망울은 보이지 않는다.
별 없는 하늘 아래 밤이 온다는 것은
무서운 일이다.
그리하여 사람들은 지상에서 별을 만들고
어둠을 가리려 한다.
세상엔 별을 만들고 만들다
별의 칼날에 쓰러진
별들의 껍데기가 무수히 널려 있다.

전신을 불태워
진실로 별이 된 별은 없고
별처럼 보이려는 별과
별의 밝은 빛을 보려는
낮도깨비 같은 별과
떠돌이별들로 가득 차 있다.

이럴 때 나는 황토 마루에서
별의 영롱한 이슬을 먹고 자랐다.
이슬은 모여 은하를 이루고
내 꿈은 한없이 커갔다.
그런데 오늘 내 아들은
나보다 더욱 슬프고 슬프다.
진실로 슬픈 건 하늘의 별인데
하늘의 별보다 슬프게 여겨짐은
지상의 별들에 눈먼 까닭이다.

별을 잃어버린 자의 눈엔
허깨비의 불빛이 보일 뿐이다.
허깨비의 불빛 끝은 껌껌나라다.
오늘도 별 없는 하늘 아래서
떠돌이별들은 허깨비 불빛에 홀려
어디론가 흘러가고 흘러간다.

야반夜半

내 등이 꺼진다.
몇 번이고 잘리어 달아난
기진한 손마디가 피 흘리며
문살을 사납게 긁어대고
어제의 사랑의 기억을
울울한 살 속에 묻는다.
어디서부터 정전은 시작되었는가.
밤거리는 죽어간다.
불타보지 못한 작은 몸뚱이가
허허로운 잿더미 위에서
잃어버린 골절을 맞추며 통곡하는
부조리의 굽이굽이
한 번도 어머니를 떠나지 않은
영원한 아이의 울음소리가
불꺼진 한지를 튕긴다.
새들이 비상을 노래하던
시인의 죽음이
어두운 말들의 반경 위에

눈먼 폭군이 비틀거린다.

비를 맞는다.

별들의 시체가

하얗게 뒹구는 소모의 밤

한 줄의 시도 살아 있지 않았다.

죽은 시각의 냄새나는 촉각뿐이다.

낮에 보는 별

나는 대낮에 별을 본다.
별은 온갖 색깔을 하고 나타나
내 망막을 갈기갈기 찢기도 하고
눈물 방울을 굴려내기도 한다.
창날을 가진 별, 안개꽃을 가진 별
돌덩이를 가진 별, 몸뚱이를 가진 별.
별 봐라 별 봐라 저 창날, 저 몸뚱이
헛소리처럼 뇌이시던 어머니.
대낮에 별을 보고 나니
허한 우리 어머니 속을 알겠다.
눈감아도 별은 달라붙고
앉으나 서나 세상은 별밭이 된다.
아, 등나무처럼 꾀는 생활이
대낮에 별을 보이게 한다.
열두 말 별을 쓸어모으면
은하가 허물을 벗는다.

투망投網

사람들은 저마다
보이지 않는 미끼를 던지고
신나게 투망을 친다.
보이지 않는 투망에 걸려
파닥거리는 고기들.
처절한 몸부림에
바다가 깨어지고
태양이 비늘처럼 부서진다.
개펄에 토해낸
질긴 투망의 비린내.
홍정 끝에 단죄가 시작되고
단죄하다 단죄하다 그래도
속이 덜 찬 사람들은
크나큰 투망으로
인어를 낚는다.
세상은 살얼음 진
하나의 어장이다.
바다를 누비던 인어가

보이지 않는 그물에 걸려
완강히 몸부림친다.
목 좋은 곳에 한 번만 맘놓고
신나게 투망을 치면
참깨처럼 우수수 쏟아지는
노다지 노다지 노다지

제기랄 투망 한번 신나게 쳐서
목마른 목줄을 축일 수는 없을까?
대어가 아니래도
작은 투망엔 송사리
피라미 새끼라도 걸리니
이것들이라도 한번 건져볼까?
투망을 꿰매며 생각해도
저마다 약아빠진 고기들만 사는데
나같이 어리석은 놈이 치는 투망에
어떤 눈먼 놈이 걸려들까.

걸려도 그렇지.

큰 고기는 다 놔두고

째째하게 째째하게 피래미만 잡아.

이 많은 식솔들의 누구 코에 붙인담.

양심의 바닥이 보이지 않아

투망 한번 쳐보지 못한 아비처럼

제 목숨 줄이나 당기는 피라미처럼

그냥 그렇게 사는 거지 하며

투망을 꿰매다

나는 투망의 질긴 올을 풀어버린다.

광부의 죽음

버력에 깔려 광부가 죽었다.
대장간 풀무 바람만도 못한 목숨이
노다지를 캐다가
썩은 동발처럼 쓰러졌다.
금덩이는 누런빛을 숨기고
죽음과 이어진 긴긴
터널 속에 독을 품고 있다가
마침내 광부를 잡아먹었다.
썩지 않고 변치 않는 금덩이는
인간을 썩게 하고 세상을 썩게 한다.
끝없는 갈증을 안고
쓸모없는 버력만 캐다
허망하게 곳병이 들고
버력에 깔려 마침내 죽어 가는 광부를 아는가, 당신은.
돼지 누깔 앞의 진주처럼 하찮은 돌덩이를
그 누구도 노나시라 했던가.
노다지 노다지 금노다지
노타지 노타지 금노타지……

마침내 광부는 죽어서 금이 되었다.
노다지 노다지 노다지가 되었다.

5부

바느질

바느질

한평생 닳고닳은
눈물의 화강석
맑은 귀를 틔워
어머니 바느질을 하신다.
눈썹마다 푸른 신경이 돋아
아린 빛살에 찔리며
구멍 뚫린 자루를 깁는다.

그슬린 등피 너머
물빛 연한 시간이
바늘귀에 뜨이고
죽은 은어 떼가 물구나무서서
목숨의 한 끝을 말아 올리는 밤.
어머니 십팔 문 반 옥색 고무신으로
눈물에 익은 달빛을 퍼 올리다
잠든 내 유년……
술래처럼 실을 물고
물구나무 선 방

가난한 식솔들의 목마름이
목화실에 뜨이고 뜨이고……

청보리 목 잘려 간 황토 영마루
떠나간 할머니 상복 깁던 바늘로
어머니 바느질을 하신다.
뼈마디마다 일어서는 몸살을 안고
채워도 채워도 채울 길 없는
허기를 깁는다.

눈이 내리는데, 눈이 오는데
우리들의 마음속에 간직한 씨앗 하나
긴박한 눈물에 익어
맑은 하늘 아래 사랑으로 채우고
목화 다래가 될까!
속곳까지 찢긴 바람이여.
귀먹은 바늘귀여.

불씨 다독여 인두를 묻고
반월성 성마루에 달이 오르듯
고운 선 빚어내어
어머니 바느질을 하신다.

바람은 청솔 바람
대숲에 와 머물고
댓잎소리 우수수
한지에 스미는 밤
머리칼 올올마다 성에가 찬데
한평생 닳고닳은 곧은 바늘로
바느질을 하신다.

청람晴嵐

산마루 굽 돌아
후살이 떠난 누이야.
쪽동백 속눈 트는데
그 무슨 설움에 겨워 불지피다
진한 피 토하고
산자락을 오르느냐.

툇마루에 걸터앉아
서럽게 서캐를 훑어내며
속태우던 누이야.
뒤울 안 샘가에
창포꽃도 벌기 전
머리를 틀고 머리를 틀고
열여섯 보조개에
눈물 담아 떠나더니
그 무슨 한이 맺혀
피 토하고 산자락을 오르느냐.

꽃상여 바람 뒤에

햇살이 간지러워

자지러지는 산새도 두고

어디로 하염없이 떠나느냐.

누이야 누이야

후살이 간 누이야.

토속 이미지 초 I

날렵한 고름 여미고
뜨거운 피 달이어
검은 벽을 허물고 오는
눈먼 사랑 밝히는
청아한 등 아아라히
밤이슬에 젖는다.

어둔 밤의 여울목에
보풀어 오른 속살을
고이 감싸 가누이고
무연히 가슴 열면
은하도 내 속마음 알고
밤을 낮으로 하더이.

질 고운 마음 다져
드밝혀 온 응어리사
별이 울고 동터 오면
덩두렷이 눈을 뜨고

우리 님 싱그런 물 담을

뒤웅박이 되오리.

토속 이미지 초 Ⅱ

—山田

가난의 야적野積을
불사르고 돌아서서
산발치 돌 자락에
피로를 벗어두고
불티의 끝간 자락을
홀로 묵묵 일군다.

색감 짙은 강냉일 심고
등살을 접은 밤
빈곤이 채인 곳간의
탄탄한 빗장 열고
잠든 의식을 때리며
비는 비는 내린다.

넘치는 식욕의 밑바닥에
갈앉은 앙금 털고
긴긴 노동의
올과 날을 짜 늘이면

산비알 밝은 옥타브
실여울을 빚는다.

송화 필 무렵

황사 바람 가시고 송화가 피면
온다던 누이는 영영 오지 않는데
해 종일 산접동
접동새 울음을 안고
산자락 자락마다 송화가 핀다.

흰 죽사발에
맑은 낮달을 눈물로 헹구다
송화 따러 간 누이는
돌아오지 않는데
청솔 바람 가득 안고 송화가 핀다.

해마다 보릿고개 힘에 겨워서
송기松肌 벗겨 눈물로 채우던 설움
설움덩이가 옹이로 불거져도
송화를 잘도 피워내는 조선 소나무.
이 고장 마음색 피고
누이의 살결 같은 송화가 핀다.

소곡小曲

랩프가 타고 있네.
밤의 밑바닥에서
별 하나 지켜
천 년을 살며
생모래의 귀를 틔운
바람 속의 열매가
가을의 중심에
내려앉고 있네.
죽는 길이 험할수록
죽음이 값진
청옥빛 열매가
바람 길을 열고 있네.

초식동물

황토는 안다.
우리가 왜 풀을 먹고
되새기고 되새기는가를.
그리고 우리가 왜
소리 없이 우는가를.

우리는 풀을 먹으며
왜 풀이 푸르른가를
생각하고 또 생각한다.

농부들의 혼을 뺏는
어두운 장마당,
맑게 맑게 눈을 닦아도
안개가 서려오는 벌판에서
우리의 주인이 왜 어정대는가를
왜 목이 메는가를
우리는 안다.

우리들 따슨 입김 모으면
풀은 정답게 어우러지고
풀잎에 이슬도 푸르른데
날이 가면 갈수록
입맛은 왜 이리 쓰냐.

우리들 주인이 지고 가는
노을빛의 무게를
장마당 푸줏간을 스쳐온
바람은 안다.
풀을 먹으며
힘겨운 나날을
소리 없이 지키는
우리들의 의지를
황토는 안다.
이 땅의 황토는 안다.

쑥

쑥은 가난한 자와
등을 맞대고
얽히고 설켜 산다.

한 많은 보릿고개 마루턱
양식이 떨어지면
제 먼저 알고
양지바른 곳에서
활짝 가슴을 열고
청솔가지 불을 지핀다.

가난한 자에게는
인정이 있고
쑥냄새가 있다.
부황난 몸뚱이를
쑥으로 떠도
보리밭이 푸르른 걸 어쩌랴.

쑥은 가난한 자와
손을 맞잡고
힘겨운 보릿고개를
소리 없이 넘는다.

개항의 아침

사운히 빛살 젖는
태양 아래 기를 달고
모든 것 바래임이
물보라로 튀겨 오는
이 아침 처녀 출범에
눈시울이 뜨겁다.

설찬 가슴과 명맥을
이 한 키에 걸어 보는
어눌진 표정들의
헤슬픔 다하는가
훑이그물(저인망) 불꽃 튀김에
불길스런 출항이여.

자욱한 안개 속
현해탄의 푸른 꿈이
햇살같이 쏟아지는
너와 나의 권익 바라

피 사위며 휘저어 가는
백의의 숨결아.

염전에서

미친 파도를
가로막을 제방도 없이
버려진 뻘밭에서
남모르게 열병을 앓다
각이 진 인고의 자세로
부활하는 몸이여.

어느 뉘 아린 뜻이
물보라로 넘치는가
간조의 내안內岸은
안개에 싸였는데
끈끈한 적의를 안고
재우치는 태풍을.

젊음이 난파당한
떼죽음의 모래톱에
이마를 맑게 씻고
물빛 연한 시간을 열면

비탈진 목숨의 혼이
물살에 어린다.

어기찬 노역의 끝
밧줄을 휘감아도
세월은 어찌하여
술이 괴듯 괴는가
깨어진 등피를 닦고
짠 기운으로 버티자.

두꺼비 우화

별 밝고 따사로운 양지는 어드멘가
내 갈긴 천만 린데 근골은 다 부서져
웅어리 웅어리 깊이 피고름만 고인다.

엉킨 매듭마다 긴긴 오열만 치솟는데
어쩌랴, 적자뿐인 만삭의 몸뚱이를
이 수렁 헤이고 나면 산정에 비 개일까.

물 젖은 한 생애의 빈 꺼풀도 주체로워
지켜온 천년의 늪에 눈감고 투신하면
부서진 꿈의 무늬가 물여울에 잦는다.

빙판을 가다

탈출구 없는 냉방에서 점을 치는 창녀는
이 밤도 뉘를 위해 사족을 뒤척일까
황막한 가슴 사이거늘 어찌 그리 암암한가.

돌부리 돋아난 살벌한 거리에서
풍성한 꿈이라도 꾸어 눈요기하여 보는
푯대도 종착지도 없는 가슴 저린 고아여.

저마다의 가슴속에 뿌리 박힌 온정인데
시야에 널린 경景을 눈가림하고서는
그대로 홍에 겨워서 날뛰는 무리들.

여한이 방울방울 피멍울 진 초토에서
한 가닥 염원으로 태양을 향한 자세인데
쓰리운 이 빙판 위에 해빙기는 언제뇨.

소

풀이끼 버림받아
질퍽이는 습지에서
등심대 휘어져도
보람은 부엉이 셈
짙푸른 마음색 안고
먼 하늘을 씹는다.

두견이 우는 여울목
출렁이는 깊은 은한銀漢
철조망 노을 저편
채색된 모국어
사족을 헤버둥쳐도
꽃피울 수 없는 채혈족採血族.

피멍울진 푸른 사연辭緣
지심을 밟고 서서
이울은 저 태양이
사운히 여울질 때

날렵한 소복을 입고
이 세상 표본 돼 살리.

6부

흙바람 속의 기수

흙바람 속의 기수

제 1악장

1

우리는 흙바람 속에서
전생애를 불질러 나간 빛나는 혼들과 만난다.
겨울의 입구에서
봄으로 치닫는
청동의 건강한 얼굴들과 만나
지난날 푸른 인동忍冬을 이야기하다가
지금紙金의 새 악장을 연다.

형제여 무엇이 되어 남기를 원하는가.
어둠과 부딪히던 우리의 선대는
스스로 빛을 내는
반딧불이 되었다.
어둠 속에 운명을 묻어 누지 않고
끝없이 날고 날아 별이 되었다.

어둠에 눈먼 자여
돌아보라, 흙먼지 자욱한 땅을
젊음이 사위기 전에
할 일을 망설이기 전에
한 줌 흙 속의 밀알이 썩어
어떻게 열매가 되는지를 지켜볼 일이다.
더러는 갈증의 끝간 데 샘물을 길어
생모래의 귀라도 틔워 볼 일이다, 형제여.

그러면 우리 눈먼 혼들을 깨워
흙의 진실을 향해 질주하자.

2

참말로 우리 죽어서 잊을까 몰라.
청솔가지 타는 연기만 보아도 눈물나던 시절을
청솔가지 온기를 모아 쑥뿌리 찌던 어머니.

밤새 건져내도 휑한 달만
건져지던 내 빈 사발을
어머니 얼굴에 지던 달이여.
참말로 그 달은 잊을까 몰라.

할아버지 동학군 선두에 서서
죽창 들고 넘던 저 황토현.
보국안민, 보국안민, 외치던 저 소리.
육척六尺 무명 올이 다 해져도
헤칠 수 없는 향산의 안개.
할아버지 어깨 위엔 삼천 근 무쇠

동학군이 뿌린 동학군의 피, 흙 속에 살아
아버지 청송처럼 내력의 불 밝히고……
삼월에 스러진 꽃숭어린 삼월의 푸른 빛 되고
유월에 뿌린 피는 유월의 꽃 되어
사월과 오월에 뿌린 불씨는

시월에 아름아름 익는데
아 바람 많은 내 향산, 내 조국이여.
밝게 빛나라, 밝게 빛나라.

3

불을 지르자.
어제의 쓰린 의식의 벌판에
눈물로 얼룩진 커튼을 걷고
창마다 마을마다 불을 질러라.
불 속에서 회생하는 우리들의 불사조를 위하여

눈알을 닦고
안개 속을 헤매던 눈알을 닦고
속 깊은 울 안에 갇혀
장강 같은 시름에 젖던 마음의 껍질을 벗고.
우리는 하 오랜 세월
안개 속에 보내 왔다.

냉혹을 뚫고 솟아오른
청맥의 꿈을 보아라.
새눈 뜬 이슬밭의
저 햇살을 보아라.
소리 없이 황토 벌을 쓸던 허무여.
시월의 메아리여 우리는 일어선다.

수없는 동면 속에서
나목 같은, 진정 나목 같은 동면을
가져보지 못했던 우리.
그러나 오늘 우리는 휴면休眠을 뛰어넘고
봄으로 곧장 달려가리라.

우리의 동면을 깨워준 자,
횃불이여.
정겨운 모국어로 불러도
사할 수 없는 횃불의 진실이여,
사월과 오월에 뿌린 씨앗을

시월에 거두듯
시월에 알찬 결실은
다시 오월의 생성의 불꽃이 된다.

겨울이 무너진다.
찬바람의 생채기마다
번지는 수액
튼튼한 섬돌 위에
나자빠진 겨울의 잔해.
잿더미 위에 기를 꽂으면
아슴아슴 봄 강물도 넘쳐 오리라.

아, 죽은 산들이 일어선다.
죽은 바다가 일어선다.
산에는 푸른 산의 푸른 산소리.
바다는 희망의 푸른 바닷소리.

봄이 오는 길목에 우리는 불을 지른다.
사철의 봄을 이룩하기 위하여.
찢기지 않는 푸른 깃발을 날리며 불을 지른다.
새로움에 눈뜨는 새 바람을 일으키며
번지는 불 속에 씨를 뿌린다.

제 2악장

1

"내일 종말이 오더라도
오늘 나는 능금나무를 심겠다"
어제의 낡은 사유의 먼지를 털고
일어선 산발치에 나무를 심는다.
촉수를 세워 쌓아 가는 개미의 성
개미의 역사役事들 보사.

목숨만 남아 꿈틀대는

수렁 속의 지렁이를
끌고 가는 개미의 행렬.
끝없는 개미의 행진 뒤에
처절한 지렁이의 죽음.
개미집 구멍에 빛나는 청동빛 햇살을
우리는 무엇이라 이름할 것인가.
“탐구심이 없는 인생은 살 가치가 없다”
난세를 살다 간
빛나는 혼들과 만나면
우리는 무어라 대답할까.
“내일을 향한 전진의 대열에 앞장섰다”고
우리 말하자.

아, 아름다운 이름 아래
꽃의 모가지를 짓밟던 북녘의 검은 늑대.
흙 속엔 사무치는 목소리,
뜨거운 숨결이 숨어 있다.

알몸으로 돌아가 보라.
그러면 볼 것이다.
“예배당 주변의 헐린 무덤에서
풀잎이 노래하고 있음을”

2

고된 진군의 끝
노영露營의 등불을 켜고 피로 쓴 난중일기를
읽으며 우리는 손을 모았네.
충무공님 가신 발자국
거기 뿌리 내린 거목의 별을
빛나는 혼 별을 보며
우리가 지피는 푸른 불 뒤에서
또 하나의 횃불이 타고 있음을
우리는 보았네.
잠든 영시零時에
영시를 지키는 불침번의 횃불을.

"현명한 인간은
선량한 인간이라는 진리"와
우리 만났네.

우리들 시력의 보이지 않는 바다.
보이지 않는 바다를 지키는
보이지 않는 손들의 불꽃.
아, 무엇이 우리를
이토록 설레게 하는가.

일손의 틈틈이
고전의 샘물을 길어
목마름의 마음밭에 뿌리고
시월 산정에 오르자.
우리 잊었던 노래의 날개 위에
희망의 꿈을 싣고
시월의 찬가를 부르자.

푸른 맹세의 기치 높은
시월 길목에
떠난 사람들이 돌아올 때
아내여, 우리는
그들과 악수를 하자.
그들 가슴에 우리의
녹색혁명의 씨를 나누어주자.

흑인영가를 부르며
눈물짓던 늙은 흑인을
우리는 보았지.
검은 얼굴 그 깊은 산맥 속에서
그들의 슬픔을 읽으며
울던 시절이 있었지.
남의 슬픔이 우리의 슬픔이듯
울던 시절이.

아, 흙을 찾아
흙의 고향을 찾아 절규하던 흑인이여.
남의 설움 속에 뼈를 묻는 흑인이여.
굴욕의 삼십육 년이여
흑인이여, 우리에겐 조국이 있다.
조국을 지키는 생성의 흙
우리의 조국이 있다.

동학군 할아버지. 독립군 아버지. 국방군 아들의,
어린 싹을 위하여
우리는 사랑방 대화를 열자.
마을과 마을에 걸린 자그만 벽도
허물어 다리를 놓고, 마음의 핏줄을 잇자, 아내여.

3

흙은 따사로운 품안
우리의 청옥 꿈을 묻고

금빛 살을 키운다.

우리들 시력의 끝
보이지 않는 바다의 잠,
빛나는 여울을 건너오는
꽃의 발자국 소리,
땅을 울리며 빛의 발목이
걸어 나온다.
제품에 바람을 안는다.
마침내 어둠이
눈물 흘린다.
바다의 여울 속에선
소금의 순교가 시작되고.
진주조개는 한 아름 모래를 안고
전신을 다해
몸부림한다.
마침내 안개를 걷어올리며

램프는 잠든 마을을 깨운다.
일어서는 땅 위의 대리석 기둥.
깨어나는 빛 속에
교향곡 청아한 음률.

종이 울린다.
빛 낡은 바람벽을 허물며 쌓는
묵시의 말씀
푸른 언덕 위에
종이 울린다.

종다리를 닮은 우리의 마음
축복을 노래하고
바다를 닮은 우리의 사유
한없이 깊고 푸르다.

바닷속엔 꿈 묻어

바다를 살찌우고
흙 속에 푸른 씨 묻어
대지를 푸르게 하고
빛나지 않는 건 불질러
빛나게 하고……
아 넘치는 물결
넘치는 희망
우리의 강토는 우리의 손으로

4

거대한 꿈
거대한 욕망은
마음과 생각만으로
이루어지지 않는 것.
피와 땀과 의지의 지혜 끝에 열리는 열매.
우리는 우리의 조상이 살다 간
선각자의 땅, 그 피와 땀도 알아야 하고

그들의 땅도 밟아보아야 한다.
그들 흘린 피, 흘린 땀이
어떻게 하나의 열매가 되었는지
그 쓴 열매도 맛봐야 한다.

젖과 꿀이 흐르는 가나안 뒤에
숨어서 흘린 피와 땀.
사막에 이룩한 오아시스의
교훈도 알아야 한다.
쥐새끼와 사자
이스라엘과 아랍도 알아야 한다.
생존, 그 위의 부를 누리는
꺼지지 않는 불기둥의 밑바탕에
무엇이 있는지도 알아야 한다.

우리는 보았다.
영상 속에서
중동의 검은 불길을

조국을 떠난 유학생이
이스라엘의 장사꾼이
조국으로 돌아오는 장사진을 보았다.

5

천지로 이어진 하나의 혈맥.
산과 산을 마주하고
돌아선 형제여,
우리는 새 역사를 창조한다.
갈보리 골짝의 어린양이여.
우리의 횃불은 국력이 되어
통일로를 달려갈 것이다.

발목이 잘리운 채
피의 능선을 넘넌 병사는
오늘 하나의 기수가 되어
튼튼한 웅성을 쌓고

기수들의 기수가 되어
새 역사를 창조한다.
우리가 넘어온 구만리 역정.

제 3악장

1

무엇이 풍토에 알맞는가.
작목作目마다
적지積地를 찾아 가꿔야 하느니.

쑥뿌리 뒤얽힌 황토 구렁도
피와 땀 쏟으면
안 될 게 없다.
사력질砂礫質은 사력질대로
일구기에 달렸느니.

개펄에서 금을 따는
갯마을의 기수도 만나
게처럼 헤맨 수렁도 짚어볼 일이다.
그러면 흙의 순수와 만날 것이다.
산에는 산정에 쌓은
산사람의 웅성雄城도 웅크리고 있다.

석石아.
새 생활의 기수가 쓴
영농일지가 있다.
실패를 딛고 오른
기수들의 노래가 있다.
아직도 버려진 산야
호수가 핥고 간 개펄이 있다.
우리가 아니면
영영 눈뜨지 못할 불모의 땅이
우리를 부르고 있다.

새순들이 불쌍해
죽지 못한다던 어느 시인은
말없이 돌아가 화전민이 되었다.
뿌리 없는 시를 버리고
흙으로 돌아간 뒤에
비로소 죽은 시만 써 갈긴
자신을 후회하였다.

오늘을 지키는 하나의 거목이
사상 없는 뿌리로 얽혀 있다면
저 거센 폭풍이 내버려두지 않듯
흙은 우리를 기만하지 않는다.
거목은 그대로 푸르름
세계의 눈이 우리의 행진을 지켜보고 있다.
경이의 눈으로 지키고 있다.

2

포르롱 포롱 포르롱 포롱……
버려진 하천 부지에
뽕나무를 심는다.
할머니 물레 끝에 잠긴 설움을 잊으려
뽕나무를 심는다.

토질을 가리지 않고 잘 자라는
새로운 품종.
누에는 밤을 지새며
뽕잎을 먹고
달빛은 우리의 사랑을 엮고,
우리는 해지는 줄 모르고
김을 매다가
상전벽해 속의
실비단 길을 걸어간다.
풍요한 불꽃놀이에 싸인

아, 빛나는 마을의 평화.
뽕잎과 달빛을 싣고
수레바퀴는 싱싱 경쾌한 젊음을 노래 부르고
흥얼대는 콧노래 합창이 된다.

3

목마름에 불타는 대지를 두고
저 혼자 바다로 흘러들던 강물이
거대한 산을 넘는다.
누가 강물이 아래로만 흐른다 말할 것인가,
2+3=10 되기도 하는
우리의 힘을 보아라.

달가스가 심은 거목은
덴마크를 푸르게 하고
우리가 심은 묘목은
천만 년 조국을 푸르게 하고.

죽은 시간의 문턱에
검은 석탄의 손들이 일어선다.
건강한 신경의 끝
용광로의 시뻘건 불길 속에
뛰어들고픈 정열이 끓어오른다.
제철소에서,
조선소에서
기관의 화통 속에서
크나큰 에너지가 되기 위하여
투신하는 건강한 석탄,
젊음의 불꽃,
젊음의 코러스여.

4

새들은 노래하네.
수풀 속에서
지난날 목잘려 나간

청송 숲의 아픔을 잊은 채
희망의 속삭임을 나누네.
하늘을 열어놓은
처마 서까래 같은 수림 속에서
내일을 노래 부르네.
거목을 키우는 손 영원하리니.
잊었던 노래 다시 부르네.

우리 무한한 젊음의 여력을
노래 부르네.
아, 우리의 어둠을 밝히는
횃불을 노래하자.

제 4악장

1

아빠, 우리 여행을 가요.

우물 안 개구리가 되지 말고
우리 우리 여행을 가요.
미지의 기술과 투쟁이
우리를 기다리고 있어요.
가다가 역사의 향기 짙은
문화의 유산도 살피며
우리가 베풀지 못한
인정의 샘물도 마셔 보셔요.

역사의 고향
이끼 속의 푸른 혼과 마주 만나면
우리는 새 역사를 창조한다고
이야기해요.
더더욱 알차게 전진을 위하여
우리는 견문을 넓혀 간다고.

우리의 비닐하우스와 사일로가

거대한 물결이 되어
풍요를 노래할 때
여행의 즐거움은
삶의 즐거움.
오늘을 사는
밝은 지혜의 삶과
우리 만나요.

2

가나안의 기수들이여
그러면 우리 만나자.
빛나는 새 역사의 수레바퀴
쿵쿵쿵 물결 속에서.
황무지에 뿌리 내린
우리 만나자.

강가엔 빛나는
수정의 부활.
산자락엔 푸르른
목신의 부활.
바다엔 빛나는
진주의 부활.

원정은 가위를 들고
수부들은 그물을 메고
흙 묻은 손, 물 묻은 손
마주 만나면
생목에 물이 오르듯
분수처럼 맑은 피가 통한다.

우리 만나서 잊었던
노래 부르자.
아리랑, 도라지, 노들강변, 방아타령.

베틀가, 한오백년, 노랫가락, 풍년가.
구구절절 가락에 맞춰
풍악을 울리면
솟구치는 춤바람을 어이 참으리.
강산은 노래 강산 바다가 된다.
어헤야데야, 어헤야데야.

3

우리는 나자로와 만난다.
이슬에 빛나는 히아신스를 안고
대리석 계단을 내려오는
나자로와 만난다.
"그대 위선의 독자여
나의 동포——나의 형제여"
나자로 병동 위에
울리는 저 소리는 무엇이냐?
첨성대 꼭대기에 별이 빛난다.

나이팅게일의 손 위에
내리는 별빛.

4

기수여, 더 높이 올려라
푸른 깃발을.
우리의 모든 것은 전진뿐이다.
세계는 열려 있다.
우리의 지혜로 태풍을 막고
망망한 대해를 헤쳐 나가자.
저 멀리 희망봉이 우릴 부른다.
아, 못다 뚫은 통일로
마저 뚫고서
드넓은 세상을 갈[耕]러 가리라.
횃불이여. 영시零時의 빛나는 횃불이여.
힘차게 힘차게 타올라
세계 속에 우리의 저력을

과시하리라, 기수여.

새 바람의 기수여.

가난과 고난의 시적 형상화
—임홍재론

이 승 하
(시인 · 중앙대 교수)

시인 임홍재가 불귀의 객이 된 지도 어언 30년이 다 되어간다. 시인은 37세 젊은 나이에 실족사하였다. 1979년 9월 26일이었다. 문단 후배 가운데 호형호제하면서 평소에 아끼던 소설가 이광복이 『월간독서』 장편소설 현상공모에 당선되었다는 소식을 듣고 임홍재는 이광복을 위해 축하주를 사주었다. 대취한 시인은 집으로 돌아가던 중 면목동의 다리 난간에서 실족, 절명하는 참변을 당했다. 작고 다음해에 문학세계사에서 유고시집 『청보리의 노래』가 나왔다. 시인의 생애를 짧게 요약하면 다음과 같다.

임홍재는 1943년 경기도 안성군 금광면 장죽리에서 태어났다. 임홍재는 대대로 농사를 지어온 농사꾼의 후예답게 안성농고에 들어갔으나 중·고교 시절 내내 호되게 앓은 문학병은 그를 서라벌예술대학 문예창작과로 이끌었다. 시인이 태어난 고장 안성에는 남사당패의 본거지였던 청룡사가 있다. 남사당패는 떠돌이 예인 집단으로서 조선조 중기부터

기층문화의 근간을 이루었는데 남사당패에 얽힌 온갖 소문도 시심을 자극하는 데 일조하였다. 게다가 안성은 시인 박두진·조병화·정진규 등을 낳은 문향으로서 자기네 고장에서 이런 시인이 나왔다는 자부심은 문학의 제 장르 중에서도 시로 이끌었고, 그는 대학에 들어가 본격적으로 시 습작을 하게 된다. 서라벌예술대학에서 만난 문우로는 윤금초·한분순·권오운·김형영·마종하·박건한·임영조 등이 있었다.

1966년에 2년제 초급대학을 졸업한 임홍재는 고향과 서울을 오가면서 살아가는데, 서울 변두리에 살면서 여의도에 있는 기계진흥공단에도 다니고 정릉계곡에서 술집도 내는 등 살아보고자 발버둥을 치지만 그의 꿈은 서울에서 번듯한 직장을 잡는 것이 아니라 시를 쓰는 것이었다. 1969년에 『시조문학』에 「토속 이미지 抄」로 2회 추천을 받은 그는 1974년에 문화관광부 문예작품 공모에 장시 「흙바람 속의 旗手」가 입선하지만 좀더 화려한 등단 지면을 모색하였다. 1975년 두 개 신문 신춘문예에 동시에 당선되는데 <동아일보> 신춘문예에는 시조 「염전」이, <서울신문> 신춘문예에는 시 「바느질」이 당선되어 그는 문단의 주목을 일거에 받게 된다. 임홍재는 같은 해에 신춘문예로 등단한 이인해·임영조·정대구를 찾아다니며 동인활동을 해보자고 부추겨 이 4명은 '육성(肉聲)'이라는 동인을 결성, 1, 2집 두 권의 동인지를 냈지만 제3권은 동인 결성의 주모자인 임홍재의 사망으로 세상의 빛을 보지 못했다.

동인 세 사람과 주변의 벗들이 시인의 이른 죽음을 아쉬워하며 시비를 세운 것은 1981년 4월이었다. 시월회(始月會), 육성동인, 안성문우회, 안성농고 동문회의 명의로 세워진 비에는 시 「小曲」이 새겨져 있는데 시를 선하고 글씨를 쓴 이는 고향의 대선배 박두진 시인이었다. 안성농고 교정 한 귀퉁이에 새워진 이 비는 학교가 국립한경대학교로 바뀌어 지금은 그 대학의 교정에 서 있다.

1969년 『시조문학』 추천 완료를 등단 시점으로 삼는다면 작품 활동을 한 기간이 10년이 되고 신춘문예에 당선된 1975년을 등단 시점으로 삼는다면 4년 10개월 동안 작품 활동을 한 셈이 된다. 길지도 짧지도 않은 기간 동안 그는 시인이었는데 시집 한 권 못 내고 비명횡사를 했으니 대단히 불운한 시인이었다. 하지만 시인의 불행은 불의의 죽음에만 있었던 것이 아니다. 시인의 성장기 전체에 드리워 있던 가난 체험의 시편을 보면 불행의 의미가 더욱 절절하게 다가온다. 그의 시에는 한 개인의 불행이 아니라 가족의 불행, 마을사람들의 고난, 그리고 우리 민족의 수난사가 고스란히 담겨 있다. 일단 그의 시에는 가난에 대한 탁월한 묘사가 돋보인다. 등단작이라고 할 수 있는 「토속 이미지 抄 II」의 "가난의 야적을/ 불사르고 돌아서서", "빈곤이 재인 곳간의/ 탄탄한 빗장 열고" 같은 구절이나 「바느질」의 "가난한 식솔들의 목마름이/ 목화실로 뜨이고 뜨이고……", "채워도 채워도 채울 길 없는/ 허기를 깁는다." 같은 구절을 보면 시인이 가난에 대해 얼마나 사무친 감정을 갖고 있었는지 알 수 있다.

> 물오른 청솔가지 목 비틀다
> 돌아와 누운 자리에
> 황토 황토
> 먼지만 일고……
> 띠뿌리처럼
> 띠뿌리처럼
> 모질게 산 형제들이
> 황토밭에서
> 부황난 살을 내어 말리며
> 통곡하고 있다.
> 칠석맞이 눈물 찔금거리듯
> 흰 죽사발을
> 눈물로 헹구다 간 누이야
> 삘기꽃 폈다.
> 삘기꽃 폈다.
>
> —「수몰지 시초」 후반부

이 시에 묘사되어 있는 가난은 '빈한'이나 '빈궁'으로 표현할 수 있을 정도가 아니다. 절대 빈곤 내지는 적빈(赤貧)이다. 흰 죽사발을 눈물로 헹구다 간 누이의 시신 앞에서 형제들이 부황난 살을 내어 말리듯 통곡하고 있다. 우리 민족이 보릿고개의 위기에서 벗어난 것은 1960년대 후반부터라고 볼 수 있는데, 시인의 나이를 따져볼 때 이런 정황은 전혀 과장됨이 없는 현실이었을 것이다. 시인의 고향마을에는 마둔지라는 저수지가 있는데 이 저수지는 인공 저수지이다. 즉, 이 시로 유추해볼 수 있는 것은 시인이 출생지에서 자라난 것이 아니라 출생지는 수몰로 잃고 그 근처 어느 지역으로 이사를 가서 성장기를 보냈다는 것이다. 수몰로 인해 생활의 터전을 잃게 되는 경우 몇 푼의 보상금을 받게 되는데, 그 돈은 외지에 가서 농사 지을 땅을 사고 집을 지을 만큼 넉넉할 수가 없었다. 시인이 겪은 가난은 대대로 농사를 지었기 때문에 초래된 가난일 수도 있지만 '수몰'이라는 외부에서의 압력에 의해 초래된 가난이었기에 그 정도가 더욱 심했다고 본다. 아무튼 아래의 시를 보면 시인이 겪은 가난은 공출이 심했던 일제 강점기 때의 가난에 못지 않다.

> 누런 시래기 몇 두름 엮어 달고
> 어머니가 황토맥질을 한 날은
> 하염없이 눈물 나더라.
>
> 흉년이 들어 흉년이 들어
> 굶기를 식은 죽 먹듯 하던 누이야.

삼백 날 머슴살아
등살 터진 빈 지게에 찬바람만 지고 오는
아버지를 부르지 말자.

찔레꽃 덤불처럼 어우러진 매운 빚을
가리고 오는 아버지 마음이야
오죽하리야 오죽하리야.

—「황토맥질」 전반부

'맥질'이란 매흙질의 준말로, 흙벽 집 짓기의 마지막 공정이다. 벽의 거죽에 부드러운 황토를 발라 집을 완성하는데, 이 시에서 집을 완성한 이는 아버지가 아니라 어머니이다. 머슴살이를 한 아버지는 "찔레꽃 덤불처럼 어우러진 매운 빚"을 가족에게 짐지운 장본인이지만 시인은 그런 아버지를 이해한다고 말한다. 시인에게는 흉년이 들어 굶기를 식은 죽 먹듯 했던 누이와 황토맥질을 하고 누런 시래기 몇 두름만을 엮어 달고는 겨울을 맞는 어머니의 한이 잊혀지지 않아 이 시에 '유년의 눈물'이라는 부제를 붙였다.

어머니가 황토맥질을 한 날은
굶어도 굶어도 배만 부르고
강물처럼 가슴이 뿌듯해
바람벽 껴안고 밤내 울었다.

—「황토맥질」 마지막 연

흙벽으로 지은 집이니 유년의 가난을 대충은 짐작할 수 있다. 그런데 집을 완공한 그 날 임씨 일가는 저녁도 못 먹고 잠자리에 들었고, 어린 임홍재는 어머니가 불쌍해 밤 내내 울었던가 보다. 유년기의 가난만 해도 처절하다고 하지 않을 수 없는데 가장이 된 이후에도 가난이라는 굴레를 벗어 던지지 못한다. 겨울나기에 필요한 것은 예나 지금이나 시래기다.

춥고 가난한 겨울을 위해
남들은 다 버리는 무청을 엮는다.
갈수록 쓰임새와 먹새가 늘어
가계부는 붉게 얼룩져도
아내는 부끄럼을 감추고
이웃집 것까지 거둬 모은다.
(……)
내일, 내일, 내일……
아내와 내가 믿는 내일은
따습고 밝을 것인가
시래깃국처럼 구수할 것인가
생각하며 무청을 엮는다.

—「무청을 엮으며」 부분

시대가 바뀌어 처마 밑에 매달아놓고 말리며 겨울 내내 국을 끓여 먹는 무청을 이웃은 김장을 하고 나서 다 버리는

데 시인의 아내는 그것까지도 거둬 모으고 시인은 그것을 새끼로 엮는다. 따스하고 밝은 내일이 올 것이라는 믿음을 갖고 무청을 엮기에 시인의 마음은 미래지향적인가? 아니다. 마음은 비감하고 모습은 처연하다. 시인이 어린 시절에는 "등살 터진 빈 지게에 찬바람만 지고 오는" 아버지를 원망했었지만 어른이 된 지금은 원망할 수가 없다. 나 또한 가난에서 헤어나지 못해 아내가 부끄럼을 감추고 이웃집 무청까지 거둬 모으게 하고 있으니 말이다. 머슴의 아들이 시인이 되었기에 절대 빈곤은 예나 지금이나 별반 달라진 것이 없다.

꿈 같으나 꿈이 아닌 세상
고작 목쉰 시나 끄적거리고
손자새끼 배만 곯리는
제 자신을 아버지, 압니다.
(……)
큰손자 놈은 고속버스를 타고
할머님 뵈러 가자고 날마다 성화고
작은손자 놈은 끼니때마다
왜 우리는 푸성귀만 먹느냐며
맛있는 살코기를 달라고 울고
가난하기 때문에
더 가난해질 수밖에 없는 주제에
소금보다 짠 눈물이 바다가 됩니다.

—「父主前上書」 부분

가난이 서러워 눈물짓는 가장의 모습을 보여주었다고 하여 이 시를 센티멘털리즘이니 유약하다느니 하면서 비난할 수 없게 한다. 시인은 가난하기 때문에 더 가난해질 수밖에 없다고 한다. 가난의 대물림이 가져다준 아픔과 슬픔이 가슴을 찡하게 한다. 가난에서 벗어날 수가 없기 때문에 시인은 더욱 고향에 계신 아버지를 생각하게 된다. 아버지는 한동안 산역꾼 일을 했었나 보다. 시집 제일 앞머리에 실려 있는 「산역」은 아버지의 신산했던 생에 이 땅 농투성이들의 고난이 오버랩 된다.

아버지는 한 세상
남의 송장이나 주무르기만 할 것인가.
(……)
피통 터져 농약 먹고 죽은 농부야
삼베 올 구멍마다 맺힌 눈물을
기러기가 쓸고 가는데
이 땅에 진정 데불고 갈 만한 것이 있더냐.
농부는 죽을 때 피를 토하고
색신 고운 씨앗을 뿌리고 간다는데
부황이 나도 토사가 나도
아버지는 신들린 사람처럼 산역만 할 것인가.

—「산역」 부분

한번 추리를 해본다면 이렇다. 시인의 아버지는 고향이

수몰지가 됨으로써 농사지을 땅을 다 잃고서 남의 송장을 주무르는 일을 하게 되었다. 밤마다 아버지가 술에 취해 부르는 노래는 만가(輓歌)다. 아버지가 술을 마시는 이유가 있다. 술꾼이어서가 아니다. 산역꾼이라고 일을 할 때마다 만취한다면 술병 들어 일찍 죽고 말 것이다. 이 시의 한 행 "피통 터져 농약 먹고 죽은 농부야"가 주목을 요한다. 이런 농부를 묻을 때 아버지는 술에 취하지 않을 수 없고, 집에 돌아와서도 만가를 부른다. 시인에게 아버지는 "구레논 팔고 황소 팔아/ 자식만은 황토 눈물을 짓찝지 않고 살라고/ 고등 교육을 시키신"(「父主前上書」) 분이다. 아버지의 뜻대로 시인은 고등 교육을 받고 손에 흙을 묻히지 않게 되었지만 농촌 현실을 외면하지 않는다. 이런 시를 보자.

농협 창고 앞마당에
시르죽은 이 같은 몰골들이
식은땀을 뻘뻘 흘리고 있다.
개미장날같이 붐비는 마당에
텅텅 가마니를 져다 부리고
맥없이 식은땀을 흘리는 사람들.
잘 영근 알맹이만 모아
다듬고 몽글려 정성껏
정성껏 꾸려왔어도
썩은 홀아비 버섯같이
나뒹구는 건

모조리 등외품.

—「하곡 공판장에서」 부분

농사꾼을 두 번 울리는 것이 추곡수매가이다. 봄부터 고생하며 지은 농산물—농부의 입장에서는 "잘 영근 알맹이만 모아/ 다듬고 몽글려 정성껏/ 정성껏 꾸려온" 것이지만 동헌(東軒) 높은 마루의 사또처럼 도도한 검사원은 삽대를 들고 돌아다니며 모조리 등외품으로 판정한다. "정말 일등을 받아도/ 비료값 땀값도 안 되는 판에" 등외품 판정을 받았으니 통곡할 노릇이다. 뼈빠지게 농사를 지어도 자식들 배불리 먹이고 공부 제대로 시킬 수 없을 때, 그 당시의 젊은 가장들은 중동의 건설 현장으로 갔다. 1970년대에 우리나라에는 중동 바람이 거세게 불어닥쳤다.

뼈빠지게 농사만 지으면 무엇하나
이것저것 다 잊고
아주 큰 맘 먹고서
중동이나 가는 거야.
고향을 떠나면
행여 거미줄 칠까
대대로 옹기종기
고향 땅을 지켜온
조상도 잊고
검은 황금이 쏟아지는

중동으로 가는 거야.
사막을 지나
오아시스에서
남아의 멋을 만끽해 보는 거야.

—「중동 바람」 부분

바로 이런 마음으로 많은 사람이 열사의 사막으로 갔다. 짧게는 1~2년씩, 길게는 5~6년씩 그곳에서 뜨거운 모래바람을 맞으며 일한 결과 혹자는 집을 샀고 혹자는 가게 열 밑천을 벌었고 또 어떤 이는 자식 교육비를 댈 수 있었다. 시인은 이처럼 가난했던 유년 시절에 대한 회상은 물론이거니와 사회 현실도 직시하면서 시를 썼다. 시인의 현실비판 의식은 「아방궁을 지나며」나 「술래의 봄」 같은 시에 잘 나타나 있다. 누대로 농사를 지었기 때문에 가난하게 살게 된 것이 아니라 위정자의 실정(失政) 때문에 더욱 가난하게 살게 된 것이라고 분명히 꼬집어 비판한다. 그에게 시를 가르쳐준 스승은 "가난이야 한낱 남루에 지나지 않는다"고 하며 안빈낙도를 노래하였고, 유명한 국어학자는 가난한 선비의 딸깍발이 정신을 자랑삼아 말하기도 했다. 하지만 절대 빈곤에 내몰린 시인은 가난을 결코 여유롭게 바라볼 수 없었다.

대낮에도 사설방범대가 길을 막고
돌아서 가라더라.

끝없는 성벽 안에선
분수가 오색 물보라를 날리며
융단 같은 잔디를 보듬어 주고
망루 위에선 맹견이
이를 쑤시며 눈을 부라리더라.

—「아방궁을 지나며」 부분

뛰는 물가가 술을 먹이고
떠도는 풍문이 술을 먹인다.
그 눈물 많은 보릿고개는 없어졌어도
우리가 넘어야 할 고개는
더욱더 높고 높아
잡았다 놓치고 또 놓치는
꿈속의 술래잡기처럼
아지랑이 속에서 얼굴 잃는다.

—「술래의 봄」 부분

'가난'이라는 주어진 현실에 대해 탄식만 하는 것이 아니라 가난을 초래한 구조적인 문제에 대해 적절히 비판할 줄 아는 정신을 가졌지만 현실비판의식이나 참여의식이 임홍재 시의 전부가 아니었다. 임홍재 시의 큰 부분을 차지하고 있는 것으로 안성 남사당패 이야기와 고향 안성에 대한 형상화를 빠뜨릴 수 없다. 그런 점에서 임홍재는 안성이 낳은 시인 가운데에서 가장 '안성인 다운' 시인이었다.

무등을 타고 무등을 타고
저 높은 엽전재를 넘어볼거나.
청룡사 청기왓장 번득이듯
화적 떼 몰아내고 꿈길도 곱게
열두 마당 벌여볼거나.

장사치 남정네 가슴 호리면
밑천까지 다 빼주고
덜렁덜렁 빈손으로 엽전재 넘네.

청룡사 큰 법당 부처님도
고기 맛 본 큰스님 어디로 가고
남사당패들만 목청 돋우네.

아 청룡사 남사당 그리운 얼굴들
어디로 갔는가.
내 차라리 남사당이나 될거나. 될거나.

—「남사당」 후반부

안성 청룡사는 남사당패의 본거지라고 앞서 말한 바 있는데 특정 사찰이 떠돌이 예인 집단의 후원자 노릇을 했다는 것이 이상한 일이긴 했지만 사실이었다. 그 당시 어느 스님이 신분상 최하층의 삶을 영위해 가는 남사당패를 중생 제도의 대상으로 삼기로 했는지, 남사당패의 기예를 특별히 아꼈는지는 알 수 없지만 남사당패는 열두 마당 기예를 보여줄 수 없는 겨울이면 안성 청룡사에 머물곤 했다. 남사당패도 피곤한 자기네들의 몸과 마음이 쉴 수 있는 안식처로 청룡사 절을 삼기로 했던 것이다. "사당패 좇아가 소식 없는/ 당고모처럼/ 차라리 그렇게 지낼 일을/ 우리는 어찌 몰랐더냐."(「벌초를 하며」) 하는 시구로 보아 남사당패는 시인의 마음에 아주 진하게 인상을 남긴 모양이다. 「안성 장날」은 「유기전」 「옹기전」 「쇠전 마당」 3편의 시가 모여서 된 작품인데 시인의 향토애랄까, 고향에 대한 진한 애착을 느낄 수 있게 한다. 이 작품 외에 「탕자의 시」 「귀향」 「귀향의 밤」 등에서 느낄 수 있는 것은 고향이 근대화의 바람을 이기지 못해 예전 같지 않게 된 데서 오는 쓸쓸함 혹은 씁쓸함이다.

> 끗발 좋던 안성유기가
> 스테인리스에 밀려
> 허름한 전 구석에 앉아
> 파리를 날리고 있다.
>
> —「안성 장날」 부분

> 고향은 이제 아득한 옛날
> 불알친구 간 데 없고
> 네 이름 불러주는 이 없으니
> 고향은 더욱 낯선 타향
>
> —「탕자의 시」 부분

책갈피에 슬픔을 포개 넣으며
돈도 벌고 출세도 하자던
불알친구들은 다 어딜 갔는가.
고향을 위해 무언가 하자던 열의는
다 어디 갔는가……

—「귀향」 부분

흘러간 옛 노래 가운데 "고향에 돌아와도 그리던 고향은 아니더뇨"로 시작되는 것이 있는데 시인의 심사와 한치 다를 바 없는 가사이다. 가끔씩 내려와 보면 고향은 어느새 "더욱 낯선 타향"이 되어 있다. 고향을 위해 무언가를 하자며 열의를 보이던 불알친구들도 다 객지로 나가 있고, 고향을 아버지와 함께 지키는 아우는 힘든 농사일 때문에 밤중에도 몇 번씩 깨어 쥐나는 다리를 주무른다(「귀향의 밤」). 식은땀을 흘리며 목멘 잠꼬대를 하다가 드르륵 이를 갈기도 한다.

임홍재 시의 또 하나의 특징은 뚜렷한 역사의식이다. 당대 상황에 대한 인식과 정치·경제상의 구조적인 모순에 대한 인식도 뛰어났지만 상황의 모순을 역사적 맥락에서 이해하려고 했던 점을 간과해서는 안 된다. 다음 시는 시인의 일가가 겪은 가난이 역사적인 고난의 연장선상에서 온 것임을 잘 말해주고 있다.

큰누나 작은누나 모두 모여
놋그릇을 닦는다.
동銅녹에 얼룩진
징용 간 아버지의 놋그릇을.
닦아도 닦아도 보이지 않는
아버지의 얼굴.
놋대야에 눈물 받아
놋그릇을 닦는다.
(……)
윤사월 보리누름 때
오지 않는 아버지 젯날 정하고
해종일 울던 울엄니
놋그릇에 눈물 받아
목놓아 운다

—「놋그릇 한 벌」 부분

일제 때 징용 간 아버지는 광복이 되어도 오지 않는다. 행방불명이 된 것이다. 아버지가 쓰던 놋그릇을 화자의 누나들이 닦는데 온통 눈물 바다가 된다. 세월이 아무리 흘러가도 소식 한 자 없자 어머니는 아버지를 돌아가신 것으로 간주하고 제삿날을 정한 뒤 놋그릇에 눈물을 받듯이 목놓아 운다. 일제 강점기 때 어느 집안에 불어닥친 비극이 수십 년 세월이 흘러도 전혀 치유되고 있지 않음을 말해수는 이 시는 한국 근대사에 대한 한 장의 진단서라고 볼 수 있다.

시인은 등나무를 보고 "가막소[監獄署] 뒤뜰에서 주리 틀려 죽은 우리 할아버지"를 생각하는 한편으로, "북새통에도 왜놈에게 아부 잘 하여/ 놀아나던 놈들"과 "족보를 숨기고 이름을 바꿔/ 명문대가 노릇을 하며/ 북새질치던 놈들" 하며 친일파에 대한 분노를 감추지 않는다(「등나무 아래서」). 시인은 역사를 물줄기를 바꾸고자 농민들이 무기를 들고 일어섰던 동학혁명을 직접적으로 거론하기도 한다.

할아버지 동학군 선두에 서서
죽창 들고 외치던 소리 소리,
일어선 분노가
쾅쾅 죽은 역사를 찍을 때
쓰러지던 어둠의 계곡.
어둠에서 다시 빛나던 저 조선 낫.

—「청보리의 노래 Ⅰ」 부분

보리는 이른봄에 보리밟기를 해주어야 잘 자란다. 밟혀도 밟혀도 일어서는 청보리의 강인한 생명력을 높이 기린 이런 시는 주제가 너무 확연히 노출되어 있어 감동의 약화를 가져오지만 1974년 문화관광부 문예작품 공모에 입선한 장시 「흙바람 속의 旗手」는 시인의 역사의식과 사회참여의식이 높은 경지에 이르러 있음을 증명한 작품이다. 불과 서른두 살의 나이에 쓴 작품임에도 이 시의 튼튼한 주제의식은 신

동엽의 장시 「이야기하는 쟁기꾼의 대지」에 필적한다.

> 우리는 흙바람 속에서
> 전생애를 불질러 나간 빛나는 혼들과 만난다.
> 겨울의 입구에서
> 봄으로 치닫는
> 청동의 건강한 얼굴들과 만나
> 지난날 푸른 인동忍冬을 이야기하다가
> 지금紙金의 새 악장을 연다.

시인은 교향곡을 작곡하리라는 마음으로 시를 전체 4부로 쓰면서 각 부의 제목을 제1악장, 제2악장, 제3악장, 제4악장으로 붙였다. 교향곡 「흙바람 속의 旗手」에서는 가난에 대한 비감이라던가 패배의식, 좌절감 같은 것을 느낄 수 없다. 깃발을 들고 대열의 제일 앞에 선 기수처럼 선구자 내지는 혁명가의 정신으로 무장한 시인의 의지와 각오를 엿볼 수 있다. 특히 제1악장의 2번 시를 보면 시인의 역사인식이 결코 어둡지 않았음을 알 수 있다. 오히려 역사의 발전에 대한 확신으로 읽혀진다.

> 동학군이 뿌린 동학군의 피, 흙 속에 살아
> 아버지 청송처럼 내력의 물 밝히고……
> 삼월에 스러진 꽃숭어린 삼월의 푸른 빛 되고
> 유월에 뿌린 피는 유월의 꽃 되어

사월과 오월에 뿌린 불씨는
시월에 아름아름 익는데
아 바람 많은 내 향산, 내 조국이여.
밝게 빛나라, 밝게 빛나라.

"삼월에 스러진 꽃송어리"는 3·1만세운동을, "유월에 뿌린 피"는 6·25전쟁을, "사월과 오월에 뿌린 불씨"는 4·19혁명과 5·16군사쿠데타를 연상시킨다. 동학혁명 이래 이런 시련과 극복을 통해 우리 민족이 지금에 이르렀음을 강조한 뒤 시인은 다음과 같이 대단원의 막을 내린다.

기수여, 더 높이 올려라
푸른 깃발을.
우리의 모든 것은 전진뿐이다.
세계는 열려 있다.
(……)
횃불이여. 영시零時의 빛나는 횃불이여.
힘차게 힘차게 타올라
세계 속에 우리의 저력을
과시하리라, 기수여.
새 바람의 기수여.

이와 같이 시인은 밝은 미래에 대한 확신을 피력하기도 했다. 가난과 고난의 시대가 가고 세계에 우리의 저력을 과시할 날이 올 것이라는 희망의 철학을 내세운 시로는 이것 외에도 「개항의 아침」 「염전에서」 「소」 등 몇 편이 더 있다. 하지만 밝은 미래를 지향하는 이런 시를 쓰기에는 시간이 얼마 없었다. 죽음의 사도는 박정희 전 대통령을 방문하기 한 달을 앞두고 임홍재 시인을 방문했는데, 시인은 그의 방문을 막을 길이 없었다.

문학세계사에서 낸 임홍재의 유고시집은 절판이 된 것으로 알고 있다. 몇몇 시인의 서가에서 퇴색되고 있던 그의 시집이 새롭게 세상의 빛을 보게 된 것을 계기로 시인에 대한 연구가 활발히 전개되기를 바라는 마음이 간절하다.

연 보

1942년 경기도 안성군 금광면 장죽리에서 태어남.

1964년 안성농고 졸업, 서라벌예술대학 문예창작과 입학.

1966년 서라벌예술대학 졸업.

1969년 『시조문학』에 「토속 이미지 抄」로 2회 추천.

1974년 문광부 문예작품 공모에 장시 「흙바람 속의 旗手」 입선

1975년 <서울신문> 신춘문예에 시 「바느질」 당선.
<동아일보> 신춘문예에 시조 「염전에서」 당선.
동인지 『육성』 발간 주재.

1979. 9. 26. 37세 젊은 나이로 세상을 떠남.

참고서지

김승희, 「타나토스, 그 파멸의 성스러움들」, 『현대시학』, 1989.9.

김우창, 「任洪宰의 詩」, 『청보리의 노래』, 문학세계사, 1980.

박성룡, 「馬屯의 土着詩人」, 『청보리의 노래』, 문학세계사, 1980.

송수권, 「이 땅의 한 저항적 純粹가 가다」, 『청보리의 노래』, 문학세계사, 1980.

우대식, 「임홍재 시인 發憤 서정의 세계」, 『현대시학』, 2005.12.

_____, 「남사당패가 되어 날아가 새의 노래」, 『죽은 시인들의 사회』, 새움, 2006.

이광복, 「임홍재 형을 생각하며」, 『현대시학』, 1989.9.

_____, 「다시 洪宰 형을 생각하며」, 『현대시학』, 1991.4.

_____, 「홍재형을 생각하며」, 『우리 시대 요절 시인』, 삼인행, 1991.

이승하, 「산업화 시대의 시인들」, 『한국의 현대시와 풍자의 미학』, 문예출판사, 1997.

임영조, 「이 시대의 마지막 純情派 시인」, 『현대시학』, 1991.4.

정대구, 「임홍재의 수수께끼」, 『현대시학』, 1991.4.

한광구, 「男寺黨식의 藝와 흙의 精神」, 『청보리의 노래』, 문학세계사, 1980.

요절시인 시전집 시리즈 제2권

청보리의 노래 임홍재 시집

인쇄일 초판 1쇄 2007년 09월 21일
2쇄 2018년 10월 10일
발행일 초판 1쇄 2007년 09월 21일
2쇄 2018년 10월 13일

지은이 이 승 하 우 대 식 .편
발행처 새 미
등록일 2005.03.15, 제17-423호

서울시 강동구 성내동 447-11 현영빌딩 2층
Tel 442-4623~4 Fax : 442-4625
www. kookhak.co.kr
E- mail : kookhak2001@hanmail.net

ISBN 978-89-5628-283-1
가 격 9.800 원